図説

聖地への旅

SACRED JOURNEYS

レベッカ・ハインド
監訳
植島啓司

原書房

序　文

植島　啓司

01　人間は移動する動物である

人類が出現して以来、時折襲いかかる天変地異、異常気象、疫病の流行などによって、彼らはつねに生存の危機にさらされていた。それゆえに人々にとって「移動」は最大の懸案事項であった。いまの人類はアフリカで生まれ、ほぼ5万年前に世界中に拡散を始めたとされている。その時期に何か生物学的な変化が起こったのではないかとも考えられているが、なにより「移動」することによって、人類は他の多くの生き物と大きな一線をひくことになっていったのではなかろうか。

現在のわれわれからすると、人間はまずなによりも定着を求める生き物とされるのだが、もしかしたら逆に、動くことで人間になったのではなかったか。その際、人間にそういう場所を探しあてる特殊な方向感覚があったのか、または磁場のようなものが人々をそこへと導いたのかは、いまだはっきりとしていない。ただ、聖地への旅は、まさにそうした人々の移動にかかわる本能的な動きの一つであって、それに先立って特別な場所として聖地が存在したと固定的にとらえるべきではないだろう。とにかく人類にとってなによりも先に「移動」の必要性があったと考えるのは、聖地について論じるもう一つの重要な出発点となるように思えてならない。

直立して歩くことを覚えたホモ・エレクトスはいったん移動を始めると、その勢いはとどまるところを知らず、ヨーロッパからアジア全域、そして、南北アメリカ、太平洋の島々にまで一気に広がっていった。それは単に獲物や日々の糧を求めてといった種類の出来事ではなく、そこには、何かに導かれてというほか表現できないもっと別の大きな理由があったのかもしれない。

たとえば、オーストラリア・アボリジニの「ドリームタイム」は創世記の神話世界を表わす言葉で、それによって人間・自然・精霊の世界が一つにつながることになるわけだが、同時に、それは単なる神話ではなく、人々の移動の記憶であり、狩猟の獲物の居場所や水源を示すといったきわめて実利的な地図の役割をも果たしている点に注目したい。アボリジニの部族の人々は、その跡をもう一度たどりなおす伝統（ナラン湖のウォーカバウト）をいまもなお保持しているが、それは参加者にとってそのまま神話を生きることを意味しており、それこそ聖地巡礼のもっとも古い形といえるのではなかろうか。

よく似たところでは、北極のイヌイット族のイヌクシュクという石塚も、単なる道標ではなく、それ自身、霊的な力を持つものとされてきたわけだが、ともに人々が移動することをそのまま聖なる行為としてとらえる点では一致している。さらに、イヌクシュクの石塚のかたちがそのまま日本の神社の鳥居を思わせる点にも注目しておきたい。アジア各地の聖地でもよく鳥居のようなかたちに出会うことになるのだが、おそらく両者のあいだにはなんらかの密接な関係があるにちがいない。鳥居もまた道標であるとともに、それ自身聖なる力を持つものとして信仰の対象となっているからである。

02　聖地巡礼

この地上には、夜空にきらめく多くの惑星や星座群のように、数多くの聖地が点在している。そこにはさそり座のアンタレスや小熊座のポラリスのようによく知られたものもあれば、光度差が大きくてほとんど見えない無名の星々もあるだろう。本書にはエルサレムやメッカなど著名な聖地も当然含まれているが、むしろ、一般にそれほどよく知られていない聖地についても幅広く言及がなされている。

たとえば、これまで聖地といえば、ユダヤ教、キリスト教、イスラム教といったいわゆる「アブラハムの宗教」の伝統を重視する傾向があったことは否定できない。しかし、それに対してレベッカ・ハインドは、インド、ネパール、スリランカの聖地に多くのページを割いており、また、これまで同一基準で取り上げられることの少なかったアメリカ大陸の聖地への言及も多く、全体にすぐれたバランス感覚に則った選択がなされているように思われる。

本書のなかで取り上げられているクンブ・メーラ沐浴祭やパンジャブの黄金寺院への巡礼などの写真も十分興味深いが、なかでもスペースシャトル「ディスカバリー」から撮影されたアダムズ・ブリッジ（ラーマ・セートゥ）の写真は、神話的世界と現実とを結ぶまさに架け橋として、多くの人々の感動を誘うにちがいない。アダムズ・ブリッジは、ラーマ王子がシーター姫を助けるためにインドからスリランカへと渡ったとされる橋で、それは長いこと物語（『ラーマーヤナ』）のなかだけの作り話とされてきたのだが、いまや単なる空想の出来事ではないことがはっきりと示されたのである。

2006年にインド、イギリス、アメリカ合作で製作された映画『落下の王国』（The Fall）は、13ヵ所の世界遺産を含め24ヵ国で撮影が行われたファンタジーで、この地上にこれほどまでに美しい光景がいまだ残されているのかと感嘆の声があがったのだが、そのなかでも信じられないほど美しい映像の多くはインドで撮影されたものだった。

さらに本書では、これまで扱われることが少なかったアメリカ大陸先住民の聖地巡礼についてもかなり詳しく紹介されており、それを見ていくと、いかに世界の宗教や信仰が多様であるか知らされることになり、その土地に根ざした信仰のあり方についてもまた改めて考えさせられるのである。そうなると、聖地とは人間が出現する以前から自然の中に存在していたのではないかという錯覚にもとらわれる。その象徴がモナルカ蝶のカナダからメキシコに至る3200㎞にわたる距離の往復であり、あたかも「彼らの小さいからだにはこの大冒険のための方向感覚と潜在する知恵が備わっている」かのように思われてくる。それはまさに創造の神秘を感じさせるものであり、人間の移動もそうした大いなる神の意思によって行われている自然界の出来事の一つであるように思われてくるのである。

03　変貌する聖地

聖地は、おそらく始めはだれも気づかないようなほんのささやかな印にすぎなかったものだったにちがいない。なんらかの祭りや儀礼が行われた場所としてそれほど明確には差別化されていなかったのではないか。しかし、いったんそこに目印となる石や石組みが置かれ、共同体の人々によって「特別な信仰の場所」として定着させられるようになると、たちまちそこには社《やしろ》や会堂のようなものがつくられ、次第に規模の大きな教会や神殿へと発展することになっていく。現在、そうしたプロセスの多くはすでに考古学的調査などによって明らかにされている。

たとえば、チェコのヘイニツェにある聖マリア教会は、いまや世界中から巡礼者が集まる聖地として知られているが、そのきっかけは一本の菩提樹にすぎなかった。ある日そこに天使が現れ、聖母マリアの像を安置するように伝えたのである。1211年にそこに小さな礼拝堂が建ち、15世紀にはゴシック建築の教会に建て替えられ、17世紀には近くに修道院が増設されることになる。最初はちょっとした自然の目印にすぎないものだったのが、次第に人々の礼拝の対象としての輪郭をはっきりさせるようになる。もちろん、菩提樹には病気を癒す民間伝承が多数残されており、おそらくそこは以前から異教の聖域として知られていたのだろうが、いまやキリスト教にとってもっとも重要な聖地の一つとして機能することになったのである。実はそういった例は無数にあって、西欧に広く分布するキリスト教の聖地を調べてみると、そこが例外なく異教の聖地だったことがわかってきている。いきなり何もないところに聖地が登場することはなかったのである。

さらに、ツォディロの岩絵、セネガンビアの環状列石、ピーターボロ・ペトログリフス州立公園のような、きわめてプリミティブな聖地の存在も無視できない。そこで見出されるのは、聖地がかつてはけっして現在のような姿ではなく、時の流れにそって人の手が加わり、大きく社会的な変貌を遂げてきたという紛れもない事実である。そのことはアメリカ大陸やアフリカにおけるさらなる聖地調査の必要性を強く感じさせるものでもある。

そういう経緯からして、聖地にはいくつもの異なる信仰の跡が残されているし、いまもなお複数の宗派の聖地として機能している場所もある。ただの水の湧き出る岩場が、信仰の力によって大きな意味を与えられ、次第にキリスト教や仏教などの影響を受けて世界中に広まっていくといった例は枚挙に遑《いとま》がない。たとえば、インド最大の聖地ヴァラナシは大昔からヒンドゥー教の聖地として知られてきたが、さらに、シーク教、ジャイナ教の聖地としても有名すぎるほど有名になっている。仏陀が巡礼の目的地としてヴァラナシを訪れ、その近くのサルナートで最初の説法を行った（初転法輪）こともよく知られている。このような諸宗教横断的な聖地はけっしてめずらしいことではなく、キリスト教でも、英国の聖ビリヌス記念巡礼のように各宗派がこぞって参加するような例もある。

04　聖と俗

これまで聖地について考えるとき、その地を信仰の対象とする諸宗教（宗派）との関連でのみ論じられることが多かった。しかし、多くの聖地を歴史的に俯瞰してみると、政治的・社会的出来事とさまざまに結びついており、そうした脈絡なしに全体像をとらえることは不可能だということがわかっている。そのもっともいい例がエルサレムで、多くの宗教の聖地であるにもかかわらず、そこは世界中に広がる紛争や内戦と無関係ではない。ハンチントンが『文明の衝突』でキリスト教文明とイスラム教文明との間には不可避的な対立があると断じたのも、このエルサレムをめぐる問題あってのことである。

聖地については、それを特定の宗派の人々が崇拝する場所として、宗教独自のコンテキストのなかだけで論じるのではなく、歴史的な事象や近世以降の政治的事件などをも踏まえて論じる必要があり、宗教がけっして世俗から独立した特別な出来事ではないということを明確にしなければならない。

そういう意味では、聖地にも栄枯盛衰があって、政治的な理由でそこが聖地であったりなくなったりするといった例も出てくることになる。たとえば、スペインのサンティアゴ・デ・コンポステラのように、9世紀にキリスト教三大聖地の一つとして脚光を浴び、11～12世紀には年間50万人が訪れるほど隆盛をきわめたにもかかわらず、レコンキスタ（国土回復運動）以降ほとんど忘れ去られてしまうというような事態も起こりうるのである（サンティアゴが「再発見」されたのは19世紀末のことである）。

しかし、そうやって歴史のかなたに忘れ去られてしまったような聖地が多数ある反面、新しい聖地も次々と誕生している。たとえば、本書に触れられているバハイ教の歴史は1844年に始まり、バハー・アッラーフによって世界中に広められていったもので、そんなに昔の出来事ではない。ポルトガルのファティマの奇跡にしても1917年に羊飼いの子どもたちが聖母マリアの出現に立ち会ったことから始まったものであり、メジュゴリエの聖母出現にいたっては1981年の出来事であり、それがいまやヨーロッパでも有数のキリスト教巡礼地になっている。

さらに、フランスのテゼ・コミュニティや、スコットランドのフィンドホーン・コミュニティの成立も20世紀なかばのことで、世界中からそこを訪れる人の数はいまや増加の一途をたどっている。いずれもこの100年間に起こった出来事を背景としており、その歴史的評価についてはいまだはっきりしないものの、そういったさまざまな信仰にかかわる新しい運動はいまもなお世界各地で起こっているのである。そして、それはけっして聖地が過去の信仰の産物ではないと告げているのである。

最後になるが、本書では、どちらかというと聖地そのものよりも、そこに向かう旅、そこに到達しようと試みる人々の動機づけや心の変化に焦点が当てられており、特に、旅の途上で起こるさまざまな出来事に意味を見出している。聖地への旅は目的地に到着することのみが目的ではない。それは同時にさまざまな次元で進行していく。つまり、聖地への旅は、同時に、地理的な移動であるとともに、一種の苦行であり、また、母胎回帰という言葉に表されるような無意識への下降でもある。そうやって、人々はつねに移動をくりかえし、その記憶を古い世代から新しい世代へと継承させていったのである。そして、人はその過程でかつて自分がいた幸福な場所を探りあてようと試みたのであった。

目　次

Part 1
歴史と神秘 *13*

Part 2
巡礼路と伝承 *61*

Part 3
路上にて *111*

上：イスラエル博物館（エルサレム）の死海文書館には、クムラン洞窟で発見された古代の写本が収蔵されている（54ページ参照）。建物の外観は写本が入っていた陶器の瓶の蓋と同じ形に設計されている。

Part 4
内なる心の旅、聖なる世界 *161*

Part 5
到達と儀式 *207*

聖地への旅

地上には数多くの聖地がある。その光輝く場所は天上の星のように散らばっているものの、その一方で地上にしっかりと根を下ろしている。古代から、人は神を探し求め、その驚異の力と神秘に引かれつつ、万物の創造主との関係を築く道を見出してきた。私たちが特定の場所に引き寄せられるときには、それが微妙な感覚によるものであれ、確かに実感できるものであれ、そこには「地霊」(ゲニウス・ロキ) が感じられる。その霊的な力をあがめることで、神を見つける道が踏み固められていった。道のなかには、秘密にされているものもあれば、すべての人に開かれているものもある。私たちが神を感じ、人間の理解を超越した何かと接触しようとする場所はどこでも聖地となる可能性がある。

Part 1の「歴史と神秘」では、歴史にその名をとどめてきた信仰の導き手たちと、人々を巡礼に駆り立てる力の源泉に目を向けることから始める。人類はその数千年の歴史の中で、さまざまな巡礼路を築き、風景の中にくっきりと刻まれた道もあれば、目につきにくい道もあるが、その道は私たちを深い洞窟の中や、険しくそそり立つ山の頂上の霊的なエネルギーが満ちる場所へと導いてくれる。あるいは、重要な出来事があった場所へとたどりつける、命が失われた場所、英知が得られた場所、聖人や賢者が奇跡を起こした場所、自然の中に神が感じられた場所へと導いてくれる道もある。オーストラリア・アボリジニの「ドリームタイム」やボツワナの古代の岩絵は、土地そのものに精霊の存在が記された場所だ。対照的に、指導者や祖先の足跡を追ってイスラエルへと向かう巡礼者たちにとって、歴史は彼らが携えてくる聖書の中に刻まれている。彼らの旅の起源は、現存する道や建造物の中にしっかりと残されている。「嘆きの壁」(西壁)、アッピア街道、そして、クムラン洞窟で見つかった写本は、聖書に記された歴史的事象の確かな証拠として、歴史家と巡礼者の両方を喜ばせてきた。一方、東洋の宗教に目を向ければ、魂を導く知識は自然というページの中に書きこまれ、意識を研ぎ澄ませて自然の中を放浪することがシャーマンのたどるべき道となる。ガンジス川などの水の流れには自然のエネルギーが凝縮されており、ジャイナ教徒、ヒンドゥー教徒、仏教徒、シーク教徒のすべてから霊力をもつ聖地として認められている。

Part 2は「巡礼路と伝承」をテーマに、旅に出発する決断の過程と、聖地に到達する旅そのものの価値に目を向ける。Journeyという言葉は旅のコースを意味し、かつては1日で進む距離を言い表す言葉だった。しかし、聖地への旅の長さはさまざまに異なる。途中の道のり自体に大きな意味がある場合もあれば、聖地と途中の道には何の関連もない場合もある。大切な行事の催行が望遠鏡からの眺めによって決められることもある。縁起がよいとみなす特別な天体配列に合わせて祝祭の時期を選ぶためだ。旅立ちの理由もさまざまで、人間としての成長のため、悔い改めるため、癒しを求めるため、あるいは感謝を捧げるための旅もあるだろうし、自分以外の誰かのために歩き始める人もいるだろう。ギリシアのティノス島の巡礼路ではそのすべての動機を目にすることができる。巡礼の最後の行

右：鋸の歯のように岩が削られた、ラオスのパクオウ洞窟の迫力ある入口。内部には暗闇と驚きが待っている。大小の仏像がぎっしりと並ぶこの洞窟には、ルアンパバーンからボートで近づくしかない。

程を両手・両膝で這って進むことで、本来なら長い旅に求められる肉体的な試練が短い旅に凝縮される。

Part 3の「路上にて」では、旅の途中で不意に出会う出来事から得るものがいかに大きいかに焦点を当てる。道中の経験、出会ったすべての人から学びがあり、成長する機会が与えられる。巡礼という形を利用して、コミュニティのメンバーに伝統文化を教えているグループもある。たとえばメキシコのウイチョル族は、巡礼路の途中にある多くの神聖な土地を訪れ、そこではシャーマンが一枚の葉の形態や、森のささやきから知恵を得る方法を若者に伝える。スリランカのスリパーダ山では異なる宗派の信者がともに山頂を目指すが、興味深いことに、この巡礼は家に戻るまで完了したとはみなされない。美しい土地への巡礼は「往復」でひとつの旅なのだ。モンゴルでは聖なる場所を周回する習慣がある。こちらは宇宙観に基づいたものだ。太陽を追うように時計回りに移動することで、天体の動きにみずからを同調させ、宇宙との調和を生み出す。

Part 4の「内なる心の旅、聖なる世界」では、精神的な成長に不可欠な内面の旅について考える。人間の理解を超えた領域について知りたいという強い探求心は奥底から発するもので、その魂の奥深くにある部分に神の存在が認識されるためである。それは、祈りを捧げるとき、儀式や聖餐に参加するときに到達する場所でもある。魂の中心部分へたどり着くには、古くから僧侶たちが使ってきたさまざまな聖歌やマントラが助けになる。ここでの音は、仏教やヒンドゥー教の寺院で発せられる宇宙の音「オーム」のように、霊的なエネルギーに共鳴する波長をもつという。あるいは、アミアン、ファティマ、アイオナの大聖堂や修道院では、聖歌隊のコーラスで生じる神秘の力が巡礼者の心を満たし、魂を高揚させる。

聖地に到達することは、巡礼の終わりを意味するわけではない。到着してひと休みしたあと、目的の達成感が広がり祝福気分になるものだ。到達の祝福はしばしば正式な儀式への参加という形をとり、歴史上の出来事を再現したりもする。Part 5「到達と儀式」で紹介するセビリアの聖週間がその例——すべてが終わったあとには回れ右をして再び歩き出すか、その地にとどまるかの選択が待っている。どちらにしても、それが新たな出発となる。

世界中に広がる巡礼路は、数千年という年月の間に進化してきた。愛され、利用され、図像や文字を刻まれ、大事に扱われ、標識をつけられ、保護されてきた。なかには、いったん見失われ、再発見されたものもある。そのお返しに、巡礼の旅は私たちを導き、なぐさめ、試練とインスピレーションを与えてくれる。聖地と巡礼は、文学や美術のテーマにも取り上げられるようになり、その豊かな芸術表現が、さらに多くの人々を家の中から誘い出し、路上へ、空や海の向こうへと旅立たせてきた。聖なる地への旅はこうしたすべての要素を通して今後も続けられていくだろう。旅の多くははるか遠い時代に起源をもつものかもしれないが、現在を生きる巡礼者にも果実をもたらし、日常生活に刺激を与えてくれる。本書のページをめくるにつれ、聖地巡礼の本質と呼べるものが見えてくるはずだ。あなたの旅が実り多く、目的地への到達が喜びにあふれたものでありますように。

左：スペインのサンティアゴ デ コンポステラへの道は変化に富み、さまざまな風景を見ながら進むことになる。ここは木々の葉が生い茂る緩やかな坂道だが、巡礼者はあらゆるタイプの地形と天候に備えなければならない。

O REFVLGET

Part 1
歴史と神秘

巡礼の歴史は、歳月・時間というヴェールで覆われているものの、ひとつひとつに秘められた物語がその起源への手がかりを与えてくれる。宗教学者・歴史家・考古学者が新たな証拠を発見し、解き明かすにつれ、過去の足跡が現れ、聖地を目指し、精神の高みを求めた初期の巡礼者の姿が少しずつ浮かび上がってくる。信仰への道のりと実践は、各宗教の伝統に従ってさまざまな形で表現されている。

左：ローマのサンピエトロ大聖堂に故ヨハネ・パウロ2世が。バチカンは聖地エルサレム以外で、最もあがめられているキリスト教巡礼地のひとつ。神聖な空間に司教・司祭・聖歌隊・信者らあらゆる階級が集まり、ともに祈りを捧げる。無数の巡礼の旅がここで始まり、ここで終わる。卓越した芸術作品や建築も、信仰を育て魂を高揚させる一助となる。

オーストラリアでは、先住民アボリジニが「ドリームタイム」（アボリジニの創生神話）をたどる旅をする。祖先の精霊たちは自由に姿を変え、オーストラリアの大地に山・川・動植物などの目印をつけながら旅をしたという。その印を結ぶ道が「ソングライン」として敬われている。「ソングライン」の概念は、部外者には抽象的すぎるかもしれないが、アボリジニの文化では、物語絵・儀式・口頭伝承によって伝えられてきた。たとえば、若者たちは聖なる旅の最後に、絵の具になる天然の素材を集め、岩絵を描き、ボディペインティングを通して伝統文化を学んでいく。

対照的に、エルサレム神殿へ詣でるユダヤ人巡礼の起源は、『旧約聖書』以来、今日まで綿々と伝えられてきた。ダビデ王の時代から、13歳を超えたすべての男子には信者の務めとしてエルサレムへの巡礼の旅が義務づけられていた。その慣習は多くの困難を乗り越えながら、3,000年という年月を経て続けられているのである。キリスト教徒にとっては、イエスの生涯を学ぶことが、最初の聖なる旅となる。身重のマリアとヨゼフのベツレヘムへの旅・東方の三博士の来訪・脱エジプトなど、イエスの生誕から幼少期の出来事もその一部だが、十字架を背負ってエルサレムからゴルゴタの丘へと歩かされた最後の道行きは強く胸を打つ。この旅は世界中の祭祀でさまざまに再現されている。エルサレムは、預言者ムハンマドが「夜の旅」でメッカを訪れた場所でもある。メッカはイスラム教（イスラーム）最大の聖地で、敬虔な信者は1日に5回、この町の方角を向いて祈りを捧げる。毎年、百万人単位の信者がメッカへの大巡礼＝ハッジを経験する。

エルサレムと結びついている各宗教は、典拠となる文字で記録された遺産・文献に恵まれ、聖書・聖典の記述が信仰実践の基盤となっており、その記述を通して聖なる土地が特定されてもきた。イスラエルはバハイ教徒にとっても神聖な土地である。預言者バハー・アッラーフは19世紀にペルシアからこの地にやってきて、みずからが授かった神からの啓示を書きとめ、祈りの場所を特定した。その書はバハイ教を研究するすべての信者のために安全にセンターに保管されている。また、中国・道教の信者は『道徳経』に規範を求める。紀元前6世紀頃に書かれたこの書は、道教のみならず、仏教の教義にも取り入れられ、中国人の思想に大きな影響を与えてきた。道教の創始者である老子による著述であると伝えられる。

仏陀《ブッダ》の生涯や教えと由縁のある場所は、一貫して恵みをもたらす祈りの場になっているが、仏陀自身も広く旅をして偉大な足跡を各地に残している。すでに聖地として知られていたインド・ヴァラナシでも説法を行い、この地をみずからの信奉者たちの巡礼地にすると宣言したことから、この地の霊性はさらに高まり、巡礼者の数を何倍にも増やすことにつながった。多くの道がヴァラナシで交わる。そもそもここは仏陀が訪れるずっと以前からヒンドゥー教徒が信仰の儀式を行う場所だった。光の祭典「デヴ ディーパヴァリ」などの期間には、シーク教徒・ジャイナ教徒もこの地に集まる。

これらの宗教は聖典と独自の芸術表現をもち、信者はそれをもとに聖なる旅の地図を読みとり、信仰の実践がもたらす奇跡について解き明かす。教典のない日本の神道においては目に見える形での指針は少ないが、日本最古の書『古事記』に独自の創造にいたる神話が語られている。心の目を開いて自然の中を歩むことで、静かな息吹に神々を見出し、聖なる歌・踊り・儀式を通じて、無限の生命力である「神道」を敬う。こうした神道の伝統は神話だけでなく、精霊と通じ合えるシャーマンの解釈能力によっても発展してきた。アメリカ先住民も「ヴィジョン クエスト」と呼ぶ、魂の探求の儀式のために自然に分け入り「偉大なる精霊」からのメッセージを待つ。ここでもやはりシャーマンが仲介役を果たす。

いかなる信仰も、集団の中に現れたカリスマ的な人物がみずからの行動を規範とし、また、励まし合う仲間と道を見いだしながら、次第に信奉者を増やしてきた。聖者や賢者が出入りする庵・礼拝堂・空地・洞窟は、巡礼者を引き寄せる霊的な力をもつ場所となり、そこを目指す者にとっては、距離も時間も障害ではなくなる。心や魂の中で起こる変化は目には見えず、言葉にもできない、いわば信仰のミステリーである。魂の真理を追い求める人々は、各宗派の師の教え、聖典の言葉、成長に伴う儀式に従いながら前へと進んでゆく。地球上のどこであれ、聖地は人々の魂を癒し、世界とそこに住むすべてのものに調和をもたらすために存在する。巡礼の最終的な目的地は、楽園・涅槃・天国・死後の世界と呼ばれる神秘の地である。

左から右へ：泰山（中国、山東省）、メッカへの大巡礼（サウジアラビア）、嘆きの壁（イスラエル、エルサレム）、ツォディロの岩絵（ボツワナ、カラハリ砂漠）。

オーストラリア、ニューサウスウェールズ州

1. ナラン湖

オーストラリア先住民のアボリジニには、「ウォーカバウト」と呼ぶ聖なる旅の伝統がある。おそらくは最も古いスタイルの巡礼といえるのだが、その名称から想像する以上に複雑な要素をもっている。旅は、オーストラリアの土地を縦横無尽につなぐ見えない道「ソングライン」をたどって歩く。道は、人間・自然・精霊の世界、過去・現在・未来を結びつけている、あまりにも複雑に入り組んだ網の目であり、アボリジニ以外には完全に理解することはできない。たしかに、彼らの伝統文化の多くは、アボリジニ社会の中だけでしっかりと保たれてきた。ソングラインをたどることは「ドリームタイム」という創造神話を理解することであり、大地に起伏が生じ、人間が誕生した天地創造の時代から語り継いできた数々の物語・伝統・文化を再確認するという意味がある。そこでは創造のエネルギーが今も存在すると信じられている。

「ドリームタイム」で語られる物語のひとつ――ある日のこと、万物の父バイアーメは妻２人に食料を集めておくように言い残して、狩りへと出かけていった。夫の帰りを待ちながら、妻たちはクーリガルの泉の澄んだ水に入り、疲れをとろうとした。すると２匹のカーリアー（大ワニ）が２人に忍び寄り、泉の水もろとも呑みこんでしまった。狩りから戻ったバイアーメは、干上がった泉のそばに残されているスカートを見つけ、妻たちの身に何が起こったかを知る。そこで不幸に見舞われた妻たちを取り戻すため、水が干上がり

窪地になっている泉を次から次へとたどっていった。最後には近道を通って先回りし、２匹のカーリアーの正面に槍を手にして立ちふさがる。激しい戦いを繰り返すうちに、カーリアーが怒りにまかせて振り回した尻尾で地面に穴が掘られ、そこへ呑みこんできた水が流れこんだ。こうしてできあがったのが、ナラン湖である。バイアーメは大ワニの体を切り裂き、呑みこまれていた妻たちを取り戻した。２人は命を取りとめたものの、それからは泉の中へ二度と入らなくなったという。

１万年前、すべての生き物はバイアーメから湖で待つようにと指示された。彼はそこにボラと呼ばれる聖なるサークルを描いた。自身の肉体を表したそこから、すべての生命があふれ出したという。それ以来、ボラはイニシエーションと創造の象徴とみなされ、霊的な力にあずかるために、オーストラリア中で儀式を行う場所として使われてきた。サークルの周りには石が置かれたり、盛り土をしたり、足で踏み固めたりするなど、各地域の伝統にのっとって目印がつけられている。少年たちが通過儀礼として行う「ウォーカバウト」の旅は、この秘密の場所へと向かうものなのだ。旅を終えて一人前の男として認められると、女性たちの保護下を離れることができる。現在、ナラン湖周辺は世界的にも貴重な湿地帯として自然保護区に指定されている。付近には河川、湖、氾濫原が多く、今もその聖なる土地を生命創造の活力が流れている。

左：ナラン湖自然保護区は、この地のアボリジニには今も昔も変わらず重要な精神的な拠り所。広大な氾濫原を網の目のように流れる豊かな水により、貴重な水鳥の生息地としても世界的に有名。この地を流れる水は、目には見えない神聖な活力「ソングライン」の満ちる場所であり、人間の世界と精霊の世界を結びつける。

上：アボリジニは、絵の具となる天然の顔料を使って自然界の精霊の姿を描き、交信する。ここに描かれているのは「ドリームタイム」の人間と、バラマンディという魚。顔料を探し集める作業も、古代から伝わる神聖な儀式の一部となる。

下：樹皮に描かれた「ドリームタイム」のカーリアー（大ワニ）。湿地を徘徊し、万物の父バイアーメの妻２人と泉の水を呑みこんで逃げていった。バイアーメがカーリアーを追い詰めたとき、怒りにまかせて叩きつけた尻尾で、地面に巨大な穴がえぐられて生まれたのが、ナラン湖だ。

イスラエル、エルサレム

2. 嘆きの壁

キリスト教徒にとって、エルサレムは、救世主イエスの伝道・磔刑《たっけい》・復活の地としてあがめている。イスラム教徒（イスラーム）にとっては、預言者ムハンマドがメッカからの「夜の旅」で訪れ、7層から成る天国へと昇った地であり、いまもイスラム教徒は聖都を意味するアルクドスの名でこの町を呼ぶ。そして、この世界最古の都市は、ユダヤ人にとっても重要な聖地になっている。ダビデ王は周辺部族を統合し、ユダヤ人民の精神の拠り所となることを望んでこの町を建設し、その息子ソロモンは、紀元前10世紀に第一神殿を建造した。その後、紀元前587年のバビロニア人の侵攻以来、この地では征服・紛争・戦争が繰り返され、紀元66年にユダヤ人がローマ帝国に対する暴動を起こし、70年には第二の神殿が破壊されて神殿西側の壁だけが残った。

ユダヤ教徒にとってエルサレム巡礼の伝統は、アリヤー（帰還）と呼ばれている。ユダヤ教律法トーラー（モーセ五書）によれば、13歳を超えた男子は年に3回、農作業の節目と歴史的な出来事を象徴する時期にエルサレムへ巡礼すべしとされている。『出エジプト記』『申命記』で述べられているように、ユダヤ人の出エジプトを記念する月には「過越《すぎこし》の祭り（種なしパンの祭り）」、小麦刈り入れの時期には「七週の祭り」、果実収穫の時期には「仮庵《かりいお》の祭り」が祝われる。そのすべては、「年に三度、男子はすべて、主なる神

の御前に出ねばならない」（出エジプト記：23 章 17 節）の言葉どおり、神に近い場所で行うことが求められる。こうしてエルサレムの神殿への巡礼が始まった。しかし、神殿が破壊されたことで、後に残された西壁が神聖さを保つ場所とみなされ、ユダヤ人の魂の拠り所、最も心に響く場所となっている。伝説によれば、神殿建設にはユダヤ社会の幅広い階層が携わり、壁の部分を請け負ったのは貧しい層の者たちだったという。人を雇う余裕のなかった彼らは、自分たちの手で神殿を建てた。ほかの部分が破壊されたものの壁が残ったのは、その献身的な行動を認めた天使たちが守ったからだという。

かつての巡礼は生贄を捧げることが主目的だったが、神殿の破壊でその習慣も消えてしまい、嘆きの感情を示すことがその儀式にとって代わり、西壁は「嘆きの壁」の名で呼ばれるようになった。信者は石の隙間に祈りや願いを書き記した紙片を挟みこむ。その言葉は、これまでにここを訪れた人々の祈りに吸収されていくという。タリートと呼ばれる祈祷用の肩掛けは、神の翼に守られていることを表し、男性は神との契約を忘れないために、「トーラー」（モーセ五書）の聖句が書かれた紙を入れた革製の小箱テフィリンを、額と腕に結びつける。エルサレムは現在は大都市に発展したとはいえ、旧市街は約 1 ㎢の広さにすぎず、その中に重要な宗教巡礼地が重なり合って存在している。史跡・共同体の歴史、この地が象徴するものと目撃してきたことすべてが、エルサレムを聖地に値するものと認めている。しかしそこは残念なことに、同時に、地球上で最も争いの絶えない町でもある。歴史の闇に晒されてきたエルサレムではあるが、この地から純粋な信仰の光が消えたことはない。

左：西壁の周辺地域はコテルとも呼ばれ、信者が祈り、学び、対話する巨大な屋外シナゴーグとして機能している。ユダヤ教のあらゆる教派、あらゆる年代の男性がここに集まる。壁下段の大きな石はヘロデ王の命で壁がつくられた紀元前 20 年当時のもの。

中央：下段にある大きな石の隙間に、巡礼者が書きとめた祈りの紙が差しこまれる。こうすることで、祈りは神に直接届くと信じられている。礼拝に訪れた信者の祈りすべてがこうして神の御許に届けられてきた。壁を建設するのにかかった 11 年間、雨が降ったのは夜間だけで、作業が停滞することはなかった。

右：西壁では、女性が男性と一緒に祈ることが認められておらず、その代わりに女性だけの祈祷グループが形成される。現在はこの伝統に反対する女性団体が現れ、壁はユダヤ人生存の象徴であり、女性にも男性と平等に壁に近づく権利を与えるべきだと主張している。この論争は 2008 年のヤエル・カツィール監督のドキュメンタリー作品『Praying in Her Own Voice』のテーマにもなった。

次頁：タリートと呼ばれる祈祷用肩掛けは、身にまとう者がつねに神の保護下にあることを表している。古代からの伝統に従ったデザインには、神の戒めをつねに思い起こさせる象徴的な意味が含まれる。安息日と祭日の朝の祈りで身につけることになっている。

中国、山東省

3. 泰　山

泰山に最初に人が住んだのは新石器時代と思われているが、人の痕跡は旧石器時代にまでさかのぼる。標高 1,545m、山東省最高峰の泰山は道教の聖地、五岳第一の山である。注目すべきはその標高だけではない。中国の史書『春秋』によると、東の方角は誕生と春の象徴で、華北平原の東側にそびえる泰山は最も縁起のよい山とみなされている。その恩恵にあずかろうと、3,000 年にわたって祈りを捧げに人々が訪れる。550 ㎢を占める山は自然の美しさと、深遠な空気に満ち満ちている。この圧倒的な存在感にインスパイアされた詩人・画家・建築家らは、3,000 年間に中国史に刻む卓越した芸術作品を生み出してきた。

100 を超える霊廟と寺院群は、いずれも異なる時代に異なる役割で建てられてきた。1,800 の岩には著名な詩や哲学的な言葉が刻まれ、多彩な信仰表現を見出せる。たとえば、1,400 年以上前に仏教の「金剛経」が彫られた一枚岩もあれば、天貺殿《てんこうでん》には 1009 年に描かれた「泰山神啓蹕回鑾《けいひつかいらん》」と題された巨大壁画もある。泰山詣では山のふもとの大地と山頂の天と太陽を崇拝する儀礼として始まった。やがて、天と地の間を歩くこと自体が尊い旅とみなされ、皇帝をはじめ巡礼者がはるばる遠方から訪れる実践の儀式へと発展した。初代皇帝 始皇帝もそのひとりで、紀元前 219 年に山頂で封禅の儀式により帝国統一を宣言している。宋王朝（960－1279）時代には、泰山に位置するものに聖なる力が備わると信じる人々によって、山の石を護符とみなし持ち帰る習慣ができた。持ち帰った石を銘板（記録）として神聖な場所に祀ることで、村全体が危険から守られ平和になると信じられ、自分で旅をできない者たちへも山の霊力が届けられることになった。

この地まで足を運びえた者たちは、山頂で夜明けを

左：泰山頂上へ「天への階段」を苦行として登る巡礼者。頂上には「天門」が待つ。標高 1,545m の泰山は、この一帯の最高峰で天界に最も近い。

下：頂上付近の碧霞祠《へきかし》。7,000 段の階段を登ってようやくたどり着く。山腹の変化に富んだ眺めが登山者を勇気づける。写真はちょうど朝日が射し始めたところ。

迎えると、昇る太陽が地上に命を吹きこみ、世界が目覚める壮大な光景を目のあたりにできる。天地が鮮やかな色に染まる様に目を奪われながら、現実の風景を超越した霊的な空間へと導かれる。変化に富んだ独特の地形、豊かな動植物に恵まれる泰山は、ジオパークとしても認定されている。皇帝が歩いた道は現在も存続し、ふもとの「遥参亭」を起点に、

途中で多くの貴重な寺院、門、自然の風景など、目に見える山の特徴を確認しながら歩くことになる。古代の樹木の年輪・小川のせせらぎ・雲の形・渦巻く霧・変化する色と香りのすべてが感覚を刺激し、山の霊的な力を実感させる。その力に引き寄せられ、道教・仏教の多くの信者がこの山をあがめてきた。

左上：愛し合うカップルは、名前を記した南京錠を南天門にかけて永遠の愛を誓い、その鍵は投げ捨てる。誓いを立てて聖地に残すという伝統的行為は、中国の多くの聖地、とくに山の聖地で共通し、世界中にこの習慣が広がりつつある。

左下：夜明けに頂上近くの南天門にたどり着いた参拝者。この門をくぐることで聖域たる天界への入場とみなされる。日が昇る東側を向く泰山は、誕生と春を象徴する。立地・景観・高さが、山の神聖さの秘訣。

右：段上から下を振り返ると、あらゆる年代が各歩調で山道を往来する。霊峰には年月が培ってきた知恵が宿る。山の斜面に密着した道は、現世の先端でバランスをはかり、高くなるほど天に接近する道になる。

インド

4. ブッダガヤの菩提樹

仏陀《ブッダ》が悟りを開いた場所がブッダガヤである。仏陀が生きた時代は正確に判明していないが、仏教徒や歴史家は、紀元前6～5世紀にかけてと考えているので、この場所は古くからの巡礼地といえよう。王家にシッダールタと名づけられた赤ん坊が誕生してまもなく、将来は権勢を誇る王か、偉大な精神的指導者になるとの予言がなされ、両親は前者であらんことを願い、息子を外界から遠ざけ、贅沢三昧な環境で育てた。しかし、シッダールタには精神的な探究心が強く、宮殿の高い塀の外で暮らす人々の困窮を目のあたりにするや、地上の苦しみから解放される道を求める決意をする。出家修行僧の心の静かさに刺激された彼は、自分も旅人として生きる決意をし、名前をゴータマに改め、宮殿を後にした。6年に及ぶ苦行の末にブッダガヤの町にたどり着き、気がつくと1本のインド菩提樹の下に座っていた。悟りを開くまではこの場を離れまいと誓い、そのまま東を向いて49日間の瞑想にふけり、ついに仏教徒が涅槃と呼ぶ悟りの境地へと達する。この段階に至った僧侶は仏陀（目覚めた人）と呼ばれるようになる。こうして、ブッダガヤの地には確かに存在する霊験を得んと、遠方から多くの人が訪れるようになった。仏陀の評判が広まるにつれ、この樹も有名になり、「悟りの樹」を意味する菩提樹と呼ばれるようになる。巡礼者たちが持ち帰った種から新しい樹木が育ち、その

右：仏陀が悟りを開いた場所には金剛宝座が据えられている。聖なる樹の下に座ってゴータマは瞑想した。悪神マーラが誘惑をしかけると、ゴータマは大地に手を置き、自分が度重なる転生で功徳を積んできたかを問う。すると地面が揺れ、マーラは悪魔の試練を次々に解き放った。長い戦いの末に悪魔は花に変わり、マーラは逃げ去ってゴータマは悟りを得る。

子孫樹の繁茂が今日へ続く巡礼の旅を象徴する。仏陀の悟りに果たした菩提樹の役割から、菩提樹の根づく場所を世界の中心とみなす者も多く、すべての仏教徒が憧れる悟りの源泉である。

寺院は大勢の人々を引きつける。参拝の理由はさまざまだ。平日にも家族・地域社会・世界のために祈る姿はとぎれないが、年に一度祝う生誕祭ブッダ ジャヤンティは格別の人出でにぎわう。仏陀の生誕だけでなく、悟りと解脱を記念する祭りであり、色鮮やかな祝賀行列・踊り・象徴的なロウソクの献灯・詠唱・瞑想をもって祝う。仏陀が悟りを開いた250年後には、仏教を積極的に広めたアショーカ王がこの地を訪れ、最初の寺院である大菩提寺（マハーボディ寺院）を建立した。現在ある建物は５～６世紀のもので、後期グプタ朝時代の建築家や工芸職人が技術と芸術の粋を凝らしたものである。これらの芸術作品は仏陀の生涯のみならず、表現豊かな造形芸術の歴史も伝える。アショーカ王の子どものひとりが原木の枝をスリランカへと運び、植樹し、スリーマハー菩提樹が育ったといわれる。この木が繁殖し、苗木が再び大菩提寺へ戻ってきた。現在、その枝はちょうど両腕を広げたような形に育ち、その樹の下で、現在の巡礼者たちが悟りを得ようと祈りを捧げている。

下：菩提樹のかたわらで静かに瞑想する信者。白は無知を知恵に変える学習を表す色とみなされることから白い服を着ている。菩提樹の樹系はゴータマが悟りを得た原木にさかのぼることができ、仏陀の分身ともみなされている。

右：精巧なブッダガヤの大菩提寺は、15m四方の基壇の上にそびえ、高さは52m。仏陀悟りの記念碑である。細いピラミッド型の塔はシカラと呼ばれる。地面に手をふれながら瞑想するシカラに安置されている仏陀像には、1,700年昔の像もあると伝えられる。仏像は悟りの方角＝東を向いている。

上:世界の平和と調和を祈る「カギュ モンラム(大祈願祭)」に参加する僧侶たち。
仏教では色に重要な意味があり、写真の仏教僧が着ているサフラン色の僧衣は
土地への定着と自制を表す。黄色は虚栄心を知恵に変える滋養の色とされる。

上：カギュ モンラムの儀式には、仏僧・ラマ僧・尼僧・一般信者が参加する。赤の僧衣は血・生命力・保護を表す。優れた判断を助ける色でもあり、火とも結びつく。瞑想の際にひとつの色に意識を向けることで集中力が高まり、精神的な成長が得られると考えられている。

CLAVES REGNI
TV SCIS QVIA DILIGO
NC VNA

イタリア、ローマ

5. アッピア街道

ローマの街は、約2,500年前から続く聖地の上に築かれた。そもそもこの街の神聖な空間や建物は、何層もの遺跡の上に築かれている。さまざまな礼拝や神への献身の歴史が地下に圧縮され、21世紀に至るまで信仰の実践を支えている。ローマの神々が崇拝されるようになったのは紀元前575年頃のこと。現在のユダヤ人コミュニティの起源は、前161年のユダヤからの使節団の到着までさかのぼることができる。紀元1世紀にキリスト教が伝来し、使徒ペテロとパウロがここで殉教した。これを契機にローマはキリスト教徒のあらゆる宗派にとって重要な巡礼地になった。

伝説によれば、ペテロはアッピア街道を通ってローマにやってきた。街道はギリシア世界から訪れる人々が上陸するアドリア海岸の港町ブリンディジとローマを結ぶ道である。やがてペテロが迫害を逃れるため同じ道でローマから立ち去ろうとしたとき、途中でキリストの姿が現れたという。この奇跡がペテロをローマへと引き戻らせ、やがて殉教にのぞむ勇気を与えた。この地に建てられたのが、ドミネ クォ ヴァディス教会（パルミスの聖マリア教会）だ。十字架での磔刑に処せられたペテロの遺体は、パウロの亡骸とともに、アッピア街道沿いの地下墓地《カタコンベ》にしばらく安置されていた。つまり、この道はキリストの使徒らが歩んだ約300年前にローマ人が建設したものではあるが、キリスト教徒を永遠の聖地ローマへと導く。墓・地下墓地・礼拝堂が連なる巡礼の道になったのである。

左：サンピエトロ大聖堂ほど見事な宗教芸術と教会建築の融合は、他に類がない。長い年月を経て象徴主義の豊かな蓄積を生み、床から天井まで堂内が余すところなく優雅に飾られている。美しく装飾された直径約18mの巨大な柱が、高さ138mのドームを支える。

下：サンピエトロ広場での礼拝。法王から数千人の信者が祝福を受ける。この大群衆ですら、巨大なドームの大聖堂の偉容からは小さく見える。何世代にもわたりキリスト教徒が、古代史に刻まれた殉教者ペテロを祝福してきた。その墓は聖堂内の主祭壇下に安置されているという。

サンピエトロ大聖堂は、現在のキリスト教徒があがめるもうひとつの聖地で、かつて暴君ネロの野外競技場（ローマ・バチカン）だった場所にある。ネロがキリスト教徒の大虐殺を行った広場でペテロ自身も犠牲者になった。やがてキリスト教が公認されるのは4世紀のコンスタンティヌス大帝の時代になってからだ。大帝はキリスト教に改宗した最初のローマ皇帝で、324年にこの場所に最初の聖堂を建てる。以来、ローマはエルサレムに次ぐ重要な聖地、カトリック教徒の総本山になった。コンスタンティヌス大帝は帝国全土に宗教的寛容を促し、それによって信仰を求め、深め、祝福を欲する人々にローマへの道が開かれた。1546年に着工した現在のサンピエトロ大聖堂には6万人の収容能力があり、内部に多くの礼拝堂・地下墓所・記念碑がある。巨匠級の画家や工芸家が手がけた宗教美術品が無数に陳列されている。ミケランジェロ作の「ピエタ」は、キリストの亡骸を抱きかかえて嘆く聖母マリアを主題にした彫刻で、鑑賞者の胸を強く打つ。聖なる秘跡の礼拝堂はベルニーニ作の彫刻で飾られ、天蓋つき祭壇の天使像には、究極の美にのみ潜む霊的な力がある。宗教芸術を通して思想と物語は人々に伝えられ、言葉を超えた表現を通して、鑑賞者はキリスト教神秘の旅へと導かれる。大聖堂の宗教画・宗教彫刻・黄金の装飾・磨き抜かれた大理石・あがめられる聖者や殉教者すべてが、世界中からの巡礼者をローマへと導く聖なる道になる。

左：荘厳なサンタ クローチェ イン ジェルサレンメ聖堂の中には、イタリア美術の傑作があり、メロッツォ ダ フォルリ作と伝わるフレスコ画「聖十字架伝説」もそのひとつ。法王グレゴリー１世がキリストの幻影を見たあとで制作したと伝わるイコンや、トリノの聖骸布の精妙なレプリカがある。

右：サンタ クローチェ イン ジェルサレンメ聖堂は、ローマにある7つの巡礼者教会のひとつ。325年頃に献堂された。床にはキリスト磔刑の地ゴルゴタ（カルヴァリ）の丘の土がまかれている。聖地エルサレムから送られた「受難の聖遺物」を安置するのにふさわしい神聖な場所。

下：コルプス ドミニ（キリスト聖体の大祝日）のミサを執行する法王ベネディクト16世。聖別されたパンを掲げて通りを歩く聖体行列が行われるが、信者が受けるパンと葡萄酒は、キリストの肉と血が聖体として分け与えられたことを表す。

インド、ウッタルプラデシュ州

6. ヴァラナシ

ガンジス川流域のベナレス、カシとも呼ばれるこの町には、古代の神話・文化が語り継がれ、神聖な宇宙観を彷彿とさせる霊験が多くの巡礼者を引き寄せる。ヴァラナシへの旅は解脱《げだつ》に至る道である。ヒンドゥー教の聖典『ヴァーマナ プラーナ』によれば、ガンジス川支流のヴァルナ川・アッシ川の流れは天地創造とともに始まり、この２つの川に挟まれた土地カシは「霊的な場所」を意味する。神話では、天地創造のときにシヴァ神とパールヴァティー神がこの場所に降臨した伝説が残され、大昔からヒンドゥー教にとって永遠の聖地だった。

ヒンドゥー信仰にとってガンジス川での沐浴は、魂を清める行為で、ヴァラナシで死ぬと、生と死を繰り返し永遠の業を負う輪廻のサイクルから魂が解放されるもの、と信じられている。川にはガートと呼ばれる階段状の沐浴場が設けられ、聖なる川に近づける場所でもあり――それ自体が聖地とみなされる。人々はここに来て朝日を拝む。あるいは死者の遺灰をまき、あるいは母なる女神ガンガーの水で体を清める。

沐浴場のガートにはそれぞれ特徴があり、ここに住んでいたヒンドゥー詩人トゥルシー・ダース（1543－1623頃）の名前をとった「トゥルシー ガート」もそのひとつ。トゥルシー・ダースは古代の叙事詩『ラーマーヤナ』をもとに独自の宗教叙事詩『ラムチャリトマーナス』を書き、物語のさまざまな解釈に影響を与えた。ヴィシュヌ神７度目の生まれ変わりラーマ王子の物語『ラーマーヤナ』が、最初に上演されたのもヴァラナシで、町の文化の多様な要素が融合され上演されたという。たとえば神をもてなすために特別な踊りが捧げられるが、踊り手にとってはそれが救済を得る道になる。また、町で開かれる祭りのいずれもが、舞台演劇・音楽・詩・散文・視覚芸術をとおして神話の世界を称えるもので、物語の伝承を目的としている。

職人が紡ぎ・染め・織り上げるシルクの鮮やかな色彩は、創造の喜びを表現する。織物の上で太陽と火を表す色彩が戯れ、鼓動する。最も

上：聖なる川ガンジスの水に浸かり、祈りを捧げる女性。周囲の喧噪から心を遠ざけ、ひとり沈黙する。水に足を浸すのは信仰に根ざした行動で、古代からあがめられてきた場所で身を清める儀式である。多くの人々がダルシャン――特別な恵みをもたらす聖者の前に集うために、この地を訪れる。

右：日の出を迎える神聖な儀式に、多くの巡礼者が集まる。この地はすべての人々に開放され、ヒンドゥー教徒のみならず、シーク教徒・ジャイナ教徒・仏教徒も母なる川ガンジスの恵みに身を浸す。聖なる水を容器にくみ、自力で来られない人のために持ち帰ることも多い。

महीलाओं के कपड़ा
बदलने का स्थान

顕著に表現される光の祭典「デヴ ディーパヴァリ」では、100万を超える陶製ランプが川のそばで灯され、光が暗闇を支配する中、地上に降臨してくる神々を祈りと讃歌で迎える。満月の日に行われる喜びに満ちたこの祭りは、シーク教のグル ナーナク生誕祭や、ジャイナ教の開祖マハーヴィーラが紀元前527年に解脱を祝す光の祝祭とも時を同じくする。ガンジス川には毎年100万人が訪れ、ジャイナ教徒や仏教徒の姿も多い。仏教徒はヒ

左：アグニは、ヒンドゥー教における火の守護神。天に差し出された供物の仲介役でもある。アグニへの供犠はまっすぐ神の御許へ届けられる。不死の存在アグニは永遠の若さを保ち、炎は無限に再生され絶えることがない。大きな祭りや成人儀礼には火の儀式がつきものである。

右：古代から続く光の祭り「ディワリ」の名前は、サンスクリット語で「ランプの列」の意味であるディーパヴァリに由来し、ディヤと呼ばれる陶製のランプに灯油かギー（精製バター）を入れて灯す。祭りは古代インドの叙事詩『ラーマーヤナ』に起源をもち、善が悪に勝利することを象徴する。揺らめくランプの光は今も神秘的だ。

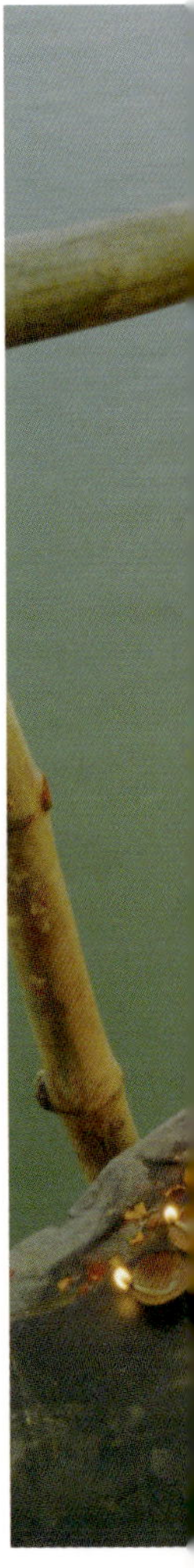

ンドゥー教徒と同じように水と寺院と儀式の神聖さを尊んでいる。実際、仏陀自身がヴァラナシを巡礼の目的地に決めて、最初の説法を行った地も近くのサルナート（鹿野苑）だった。聖なる起源をもつ恵み豊かな町は、創造の活力を住民や巡礼者に吹きこみ、人々は敬虔な祈りでそれに応える。

サウジアラビア、メッカ

7. ハッジ

聖地メッカへの巡礼は預言者アブラハムの時代に始まる。現在に受け継がれる大巡礼ハッジは、アブラハム、妻ハガル、息子イシュマエルの身に起こった出来事を祝っている。旧約聖書にある物語は、ユダヤ教徒とキリスト教徒にも認識されているが、現在メッカへの巡礼を果たすべき義務としているのはイスラム教徒（ムスリム）に限られる。巡礼者数は年々増加し、近年は約300万人が世界中からこの預言者ムハンマドの生誕地を訪れる。旅の費用を出せる者には、生涯に一度は参加することが義務であり、イスラム教徒が守らなければならない「五柱（五行）」のひとつになっている。

巡礼者はイスラム暦12月のズールヒッジャ月に到着し、メッカの町に入場する前に白い衣服に着替えることから儀式が始まる。衣をまとうことで、巡礼者《ハージ》は精神的に清められ、世俗の雑事をふるい落とし、神の前でみなが平等——イフラームと呼ばれる境地に至る。それから、ようやく町に入ることができるのだ。巨大なモスクの中心にあるのが、巡礼の目的地カーバ神殿。ここはイスラム教以前からの聖地だが、イスラム教徒からはアブラハムと息子イシュマエルによって最初に建造されたと信じられている。数十世紀の間に、異なる支配部族の礼拝

左：メッカに到着した巡礼者は、カーバ神殿の周りを7周する。神殿は世界最大のモスク、マスジド アルハラーム（聖モスク）の中心に立つ。7世紀に初めて建てられたモスクは、巡礼者の数が増すとともに度重なる拡張と改築を繰り返し、少しずつ現在の姿に変わってきた。

下：イスラム教徒が礼拝する方角をキブラという。祈りたいときには必ずカーバ神殿があるこの方角を向く。写真中央に見えるカーバ神殿はイスラムの伝説では世界の中心であり、最も神聖な建物とみなされる。神殿の一角には神秘の「黒石」がはめこまれている。

場所として幾度も建て直され、やがて「黒石」といった聖なる事物が納められる場所になった。発祥の起源すらわからない神秘の石は、ムハンマド本人が口づけして以来、何世紀も信者がそれに倣って口づけしてきた。無数の人々の罪と不道徳を吸収することで、石が黒く染まったとも伝えられる。口づけして敬意を表することは義務づけられてはいないものの、多くの信徒は石を神と人間の原初の結びつきを象徴する聖地メッカの礎石と信じている。

ハッジは多くの儀式を伴いながら成就されていく。イスラーム信仰のエッセンスを集約し、参加

左：ハッジの2日目、巡礼者は「慈悲の山」へと移動する。ここは預言者ムハンマドが最後の説教を行い、そこに立つすべての者を赦すように神に嘆願した場所。ここに立つことがハッジの儀式の重要な要素で、そうすることで巡礼者は喜ばしくも罪から解放される。

右：魂の浄化と、神の前での平等を表す白い衣服はイフラームと呼ばれる。写真手前の巡礼者は祈ったり、聖典の学習をしているが、後方にはワクファと呼ばれる「アラーの前に立つ」儀式を実践している巡礼者の姿もある。日が暮れると、巡礼3日目の悪魔払いに使う7つの石を集める。

する者の心に物語を刻みつけるため、ひとつひとつの業が補完的な役割を果たす。最初にカーバ神殿を７周するのは、象徴的な行動をとおして祈りの儀式を続けるためだ。聖書によると、ハガルは息子に与える水を求めて、サファとマルワの２つの丘の間を必死に往復した。その行為を再現するために、同じ場所を走って往復するのも修行である。水はザムザムの井戸に現れた。現在はこの井戸の水を飲むと、のどの渇きだけでなく、飢えと病気も癒されると信じられている。次には悪魔を象徴する石柱に石を投げつけ、アブラハムが自分の息子を生贄に捧げんとした瞬間、代わりに羊が送られたことへの神への感謝のしるしに、動物の生贄が捧げられる。その後、ムハンマドが生涯最後の年に別れの説教をしたアラファトの平原に移動して祈り、再びメッカに戻って、最後にカーバ神殿の周りを３回まわり、生涯に一度の旅は完結する。信者は、預言者の生涯との目に見える結びつきを実感しながら、帰途につく。

左：夕暮れどきに祈るイフラームを着た巡礼者たち。メッカ郊外にある巡礼者の野営地ミナに明かりが灯されると、改めて巡礼者の規模と雰囲気が伝わってくる。額を地面につけて祈る者もあれば、聖なる土地に立ち、ムハンマドの最後の説教を暗唱している者もいる。

右：澄み切ったザムザム井戸の水をくみ、自分で飲むだけでなく、家族や友人のために家へ持ち帰る。伝承では、ジブリル（大天使ガブリエル）がハガルの窮状を救うために泉を生んだ。井戸は素手で掘られ、もともとはバケツとロープで水をくみ上げていたが、現在はポンプでくみ上げ、モスク内の噴水にもなっている。

下：ハッジの終盤に行われるサーイは駆け足の儀式。ハガルが幼い息子イシュマエルのために水を探し求めたことを再現する。ハガルが2つの丘の間を必死に7往復すると、奇跡のようにザムザムの水が現れたという。現在はカーバ神殿の下の大理石の部屋にその水は引かれている。

イスラエル、ハイファ

8. バハイ世界センター

この巡礼地の新しさは、バハイ教の歴史自体を表している。とはいえカルメル山に建つこの施設は、アブラハムを起源とする宗教（ユダヤ教、キリスト教、イスラム教）に共通した古代からの聖なる伝承、おそらくさらに古い先史時代の文明ともじかに結びついている。バハイ教の預言者バハー・アッラーフは、教祖バーブ永眠の地としてここを選び、新しいグローバルコミュニティの管理センターとした。巡礼者はここを訪れバーブ神殿に敬意を表し、聖典や歴史書を学び、建築物や、2001 年に一般公開された広大な庭園の美しさに象徴的な意味を見出す。

バハイ教の歴史は 1844 年、サイード・アリー・モハンマドという青年が、ペルシアのシラーズでバーブの称号を得たという宣言から始まる。バーブは「門」を意味するアラビア語で、到着をほのめかす言葉だが、この場合は神から人類への啓示を表し、あらゆる宗教が待ち焦がれる平和の到来を意味する。バーブは自分が来たるべき時代の預言者となる新たな使徒を導くために神から遣わされたと告げた。彼の宣言はペルシアのイスラム教徒には脅威とみなされ、迫害が繰り返され、バーブは 1850 年にタブリーズの町で公開処刑される。彼の運動に参加した 2 万人の信奉者も殺されてしまった。

しかし、捕囚されながら処刑を免れたひとりに、ホセイン・アリーという弟子がいた。家柄のよさと世界的な関心の高まりから死を免れた。ホセインは 1852 年に「黒い穴」と呼ばれるテヘランの悪名高いシアー チャール牢獄に 4 ヵ月間投獄され、この不潔で悪臭漂う地下の牢獄は、ホセイン家の富と特権とは対照的な地獄のような環境だった。しかし、ここにいる間に彼は神から啓示を受け、それがバハイ教の聖典として記録されることになる。この男こそバーブが予言した新たな使徒、「神の栄光」を意味するバハー・アッラーフの名で知られる人物である。刑務所から釈放されると、次には国外へ 40 年間追放され、バグダッド、クルディスタン、コンスタンティノープル（イスタンブール）、アド

リアノープル（エディルネ）を転々とし、最後に現在のイスラエル・アクレで投獄された。当時のアクレは劣悪な環境の監獄町だった。ここでバハー・アッラーフは啓示から得た教えについて書き記し、信奉者の行動規範を定めることになる。彼の評判は高まり、外の世界にまで広まっていくと同時に、彼は世界中の指導者に書簡を送り、国境を超えた世界平和への協力を呼びかけた。バハー・アッラーフは晩年になってから自由を認められたものの 1892 年に死亡し、アクレ郊外バハジの最後の住まいに隣接する庭園に埋葬された。ハイファの世界センターには丸みをつけたひな壇状の庭園テラスがあり、それが金色のドームのあるバーブ神殿へ、さらにはカルメル山上へと続いている。庭園は手入れの行き届いたテラスから自然の状態へと徐々に変化し、やがて野草庭園となり神殿から波を打つように広がっている。記念碑周辺に視線が集まる設計は、訪れる者の敬虔な意識を高める目的があり、庭園の様式の変化は神が創造した人間と生物の多様性を表している。

上：聖地巡礼のバハイ教徒は、バーブ神殿で祈りと瞑想の時間を過ごさなければならない。この機会は神聖な義務であり、特権でもある。ランドマークの神殿には毎年数百万人が訪れ、多くは巡礼者だが、旅行者もそれに加わる。この地が促す平和と協調への願いに心を動かされるに違いない。

左：バハイ世界センターにある広大な庭園は、2001 年に開園した。緑豊かなテラスと階段がカルメル山に立つバーブ神殿へと続く。その穏やかな風景はバハイ教の世界平和と協調への祈りを象徴し、紛争の絶えない地に不可欠な、平和のオアシスとして存在する。

右上：神殿内部には、祈りと瞑想の場がある。バハイ教には正式な礼拝様式がないが、「参堂の書」と呼ばれる祈りの言葉が壁に掲げられ、誰でも使うことができる。ここを訪れる巡礼者は自分の行くべき道を見失うことはない。バハイ教は学習を重視し、センターには神秘的・社会的・倫理的な問題を扱う数多くの聖典がある。

ボツワナ、カラハリ砂漠

9. ツォディロの岩絵

もしも神々が許すならば、考古学者は狩猟民族のサン族（ブッシュマン）の案内でツォディロヒルズにあるニシキヘビの洞窟に近づけるかもしれない。ただし、忘れずに幸運を願うことだ。作家ローレンス・ヴァン・デル・ポストが『カラハリの失われた世界』執筆の調査でこの地を訪れたとき、カメラとテープレコーダーが壊れ、３日間続けてハチの襲撃に悩まされた。礼儀をわきまえずにやってきた無礼を謝罪する紙を岩絵の下に埋めることで、ようやく攻撃はおさまったという。

カラハリ砂漠の丘陵地帯にあるツォディロは「神々の山」「ささやき岩」と呼ばれ、わずか 10 ㎢ほどの地域に 4,500 を超える岩絵が集中している。10 万年という年月を超え、人類の信仰、儀式の変遷を世界に伝えてくれるのだ。先住

下：4,500 以上の絵が、カラハリ砂漠の断崖と洞窟表面に描かれている。このコレクションは「砂漠のルーブル」という称号を得た。先住部族はこの丘が祖先の霊魂の集まる場所であり、10 万年以上前の人間の営みの歴史が刻まれていることを熟知している。

右：神聖な場所には、絵画・彫刻・音楽・舞踊などアートがつきものだ。短い人生において、歳月を超えた国際的な遺産、聖なる遺産を目撃できることは幸運だ。ツォディロの岩絵は驚きと喜びをもたらしつつ、原始時代に信仰を打ち立てた祖先の聖域をのぞく窓の役割も果たしてくれる。

部族はこの地が祖先代々からの居住地であると知っており、聖地として祈りを捧げる。丘の名前は「切り立った」を意味するハンブクシュ族の言葉に由来する。天地創造の時代を象徴する4つの丘は、規模と重要性が異なり、違いを示す名前がつけられている。男の丘・女の丘・子どもの丘・男が捨てた第一夫人を表す第4の丘がある。男の丘頂上近くには、先史時代の精霊への祈りの場がある。ここで人が祈るたびに、ひざがあたる部分の岩の窪みが深くなっていく。女の丘は死者の永眠の地であるとともに、神々の力の源でもある。丘の高いところにある蹄の跡は、創造神ニャンベがハンブクシュ族をこの地に導いたことを表す。

1990年代に、外界には知られていなかった洞窟のひとつが、ツォディロヒルズからかなり離れた場所で発見された。2006年には考古学者の小グループが再びこの洞窟に戻り、ニシキヘビ生贄の儀式と関連した祭壇があるのを見つけた。ニシキヘビはこの地域の信仰では最も神聖視されている生き物である。この発見から神への信仰と、おそらくはそれに伴う宇宙の概念が、従来の認識を超える3万年以上前から発達していたことが明らかになった。洞窟の入口にはヘビの頭によく似た岩があり、手で石を打ちつけてヘビ皮の模様もつけられている。岩の下の地面を掘ってみた学者たちは、ヘビの形を模した7万年前の道具だけでなく、1万3,000もの槍先や儀式用具も発見した。どれも、この地由来の素材でつくられたものでなく、別の地域から運ばれたものだった。さらに、槍先は色鮮やかな石を使って見事につくり上げられ、赤いものには燃やされた跡があった。生活に関連する品が見つからなかったことから、学者は槍先を燃やすのは犠牲の儀式の一部だろうと結論を下した。他の場所と違い、この洞窟には2つの岩絵しか残ってない。ひとつは象、ひとつはキリンを描いたものだ。ニシキヘビを含めた3種類の生き物が、この地に住む民の信仰で重視されていたことがわかる。芸術と神聖な空間はつねにリンクしているのだ。

左：カラハリ砂漠の厳しい自然環境で、岩絵が生き残ってきたことは驚きに値する。ここでは芸術と自然が手を取り合い、そこに存在する精霊に語りかけている。カラハリという名前は「水のない場所」を意味する。しかし植物が生えているので、特定の季節には雨が降り命をつなぎ、新緑をもたらしている。

ガンビア、セネガル
10. セネガンビアの環状列石

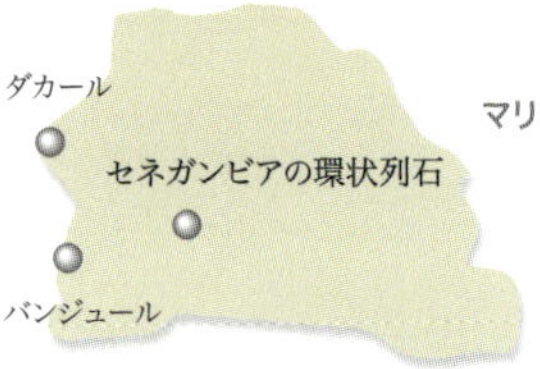

西アフリカ・サルーム川とガンビア川に挟まれた地域に、セネガンビアの神秘的な環状列石群がある。ガンビア川沿い350km長さの土地に4つのグループに分かれて立つ1,000ヵ所を超える列石群は、墓標と呼ばれる以外には、その役割も誰の手でつくられたかもほとんど判明していない。紀元前3世紀から後16世紀の間につくられたということだけだ。当初の目的はわからなくなっているものの、訪れる人は絶えず、供物としての果物や小さな石が夜間に成長するとも伝えられてきた。この列石と無数の埋葬塚は、死者が次の世界に向かう前に最後の肉体の旅としてここに運ばれ、儀式が執り行われたことを示すものと推測される。

石はおもに円筒状だが、なかには角のある立方体、先端が細くなったもの、上部に窪みがあるもの、丸みを帯びているものもある。高さはサークルごとに異なるが、サークルの大きさはほぼ揃っている。最も高い石柱が2mほどで、ヨーロッパのストーンサークルが直径6m、最大14の石柱という構成に比べれば小規模だ。石はラテライト（紅土）で、切り出すのは容易だが、空気にふれると固くなる性質をもつ。鉄の器具で注意深く、丁寧に洗練された形に仕上げられた様子から、この列石は、長期の計画性と組織力と時間配分に基づいて作業できる十分に安定した社会がつくったことがうかがえる。死後の世界へと旅立つ者に必要なものを持たせようとする、愛と気配りも感じられる。埋葬品は地位を明らかにする遺品と食べ物にまつわるものが多い。腕輪や槍などの武器のほか、逆さまに置かれた陶器も発見されている。これらは現在も地元の人々が使っているものだ。

通常、ストーンサークルは暦の役割を果たすが、この環状列石には天文学的な配列を示唆する要素はない。どうやら異なる意味がこめられているようで、イスラーム学者の故アルハジ・ケモリング・ジャイテーは、大小2つの石が近くにあるのは、親と子の埋葬を意味するものだと説明している。さらにV字型になった石は同じ日に死んだ親類どうしの共同墓であるとも語った。

いったい環状の配置は何を意味するのだろうか？　円環が象徴的に使われる場合には、調和・完全

左：ワッスの環状列石にはたくさんの謎めいた秘密が隠され、想像をかき立てる。ヨーロッパのストーンサークルとは異なり、暦の役割を果たすものではない。明らかに死者への敬意を表しており、形と位置関係にはいまだに解明されていない意味が潜む。

さ・絶対的な存在すなわち天と永遠の象徴であることがほとんどだ。呪術や治癒は、悪魔からの保護を意味する。また、神聖な場所を周回する宗教上の習慣が世界中で見られ、行列や小さな巡礼といった形を成している。儀式として神聖な場所を回るのは、太陽と月と惑星の動きに従い、天と地の絆を確かにするためである。セネガンビア環状列石の場合も、環状の配置が葬儀の行列が通る道を示していると考えることもできるが、推測の域ながら無謀な解釈でもない。最近、ガンビアのワッスに博物館が開館した。目的は、興味深い列石の謎を解こうと毎年訪れる何百人もの科学者・旅行者らと、知識と理解を共有するためである。

上：この地域では長い歳月をかけて約 1,000 の環状列石が立てられた。その役割は完全な解釈にはほど遠いものの、研究によって徐々に解明されている。最近では、多くの円環に幾何学的なパターンがあると考えられている。

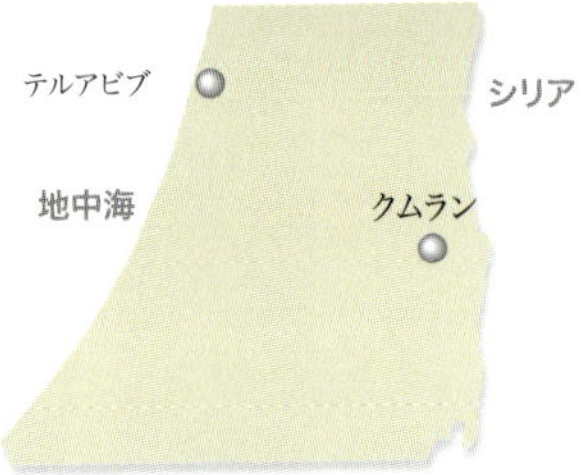

イスラエル、ヨルダン

11. クムラン洞窟

クムラン洞窟は、西のユダヤ山脈と東の死海にはさまれたヨルダン砂漠にある。1947年にここで驚くべき発見があった。ベドウィン族の羊飼いの少年が、洞窟を探検しようと思い立った。その動機は、群れからはぐれた羊を探すためか、日差しを避けるためか、ただ好奇心に駆り立てられてなのかは不明だが、そこでの発見が世界を驚かすことになる。きわめて重要な文献がそこに眠っていたからだ。発見された保存瓶から、古代の言葉で記された、もろく崩れやすい羊皮紙の巻物が大量に見つかった。少年からこの発見を知らされた友人が、その言語がベツレヘムの教会で見たシリアのアラム語に似ていることに気づく。そこで、写本の一部をベツレヘムのシリア修道院に運び、そこから写本はさらにエルサレムの中央修道院の図書館へと送られた。やがて、その写本がキリスト教初期のものであるとわかり、安全に保管するため1954年に購入・回収された。その後もベドウィン族と考古学者が探検を続け、さらに11の洞窟で写本が見つかった。紀元前3世紀から紀元1世紀頃のものとみなされるこの写本は、まとめて「死海文書」と呼ばれている。

右：クムラン洞窟群に眠っていた写本瓶の発見は、偶然の産物だった。この発見で初期キリスト教徒の生活について新しい知識が得られ、現在、手にする聖書の翻訳が、ほぼ正確であったことも判明した。旧約聖書『イザヤ書』について、10世紀の翻訳と、発見された写本の内容には、ほとんど違いは見られない。

下：200を超える「死海文書」の断片は、多くがエルサレムのイスラエル博物館・死海写本館に安全に保管されている。『イザヤ書』もそのひとつで全編がそろい、翻訳されて現代版の聖書に使われている。古代から多くの信者に語りかけ、家や教会を旅してきた聖なる言葉の種子となった文書である。

非常にもろくなった羊皮紙やパピルスの断片から、850の写本が再構築された。言語はヘブライ語、アラム語、ギリシア語が使われている。

文書の多くは現在、エルサレムにあるイスラエル博物館内の「死海写本館」で見ることができる。内容は多岐にわたり、ヘブライ語版聖書の最初期の原典という興奮に値するものもある。この発見までは翻訳しか残存していなかった文書もあれば、これまでまったく知られていなかった文書もあった。死海文書の研究によって、ユダヤ教・初期キリスト教の時代の社会構成について、新しい理解への糸口が見つかった。発見された写本はクムランに住み着いた一学派の蔵書だったという見方が優勢だ。彼らは都市の誘惑から逃れ、砂漠に純真を求め、独自の太陽暦と洗練された規則に従って生活していたようだ。このあたりは聖書の時代には荒野が広がり、洗礼者ヨハネが野蜜といなごを食べ物として暮らし、悔い改めを説きながら救世主《メシア》の出現を予言した土地でもある。また、ヨルダン川で洗礼を受けたイエスが40日間荒野にこもって、悪魔の誘惑と対峙した場所でもある。岩山が多く農業には適さず、住む者も少なかったが、かつては現在ほど乾燥していたわけではなく、一部には森林も広がっていた。古くから放牧地として使われ、伝統に従って暮らしていた羊飼いが洞窟群に潜りこみ、写本の発見につながった。知識の種子が植えつけられた文書は長い眠りから目覚め、優れた翻訳によって花開いた。現在、巡礼者はエルサレムの博物館で死海文書を目にすることができるだけでなく、クムランという荒野の遺跡や、古代の修道院を訪ね、ヨルダン川で洗礼の水にふれることもできる。星空の下でキャンプしながら、この地で繰り広げられてきた驚くべき奇跡に思いを馳せることもできる。

右：第４洞窟。最多の文書が発見されたが、瓶に入っていなかったので、保存状態が悪い。ここで１万 5,000 以上の断片と 122 の聖書の写本と一部が見つかった。ただし新約聖書の写本は含まれていなかった。

下：最初に死海文書を発見した羊飼いの少年は、友だちを連れて再び洞窟を探検し、さらに多くの文書を見つけたという。彼らがテントに吊るした巻紙の中には『イザヤ書』や『感謝の詩篇』の写本も含まれていた。

スコットランド、モレー湾

12. フィンドホーン コミュニティ

スコットランド北部にあるモレー湾の800㎞を超える海岸線には、変化に富んだ風景が続き、多くの小さな入り江から流れこんだ水は、断崖や砂浜を経て北海へ達する。この一帯の水辺は、野生生物にとっての天国である。フィンドホーン コミュニティは1962年にピーター・キャディ、妻のアイリーン、3人の息子、友人のドロシー・マクレーンによって自然発生的に誕生した。キャラバンカーに住みながら、荒地に家庭菜園をつくろうと土を掘り起こした当時、ピーターは自分が新しい精神的コミュニティの種をまいていようとは夢にも思わなかっただろう。植物の特性を理解するドロシーの天賦の才能と、アイリーンの深い瞑想から得られる精神的な知恵によって、菜園と生活共同体の両方が大きく成長していこうとは想像できなかっただろう。しかし、乾燥した塩分の強い土地にたくましく育つ立派な野菜や花々が世間からの関心を集め、菜園の成功が大勢のインスピレーションの源になった。それからまもなく、この共同体の信条とライフスタイルに倣おうとする人々が集まり、コミュニティが形成された。

1960年代末には、アイリーンが新しく設立したフィンドホーン出版からスピリチュアル ガイドを刊行するようになる。彼女の著書は多くの人を感動させ、新しいコミュニティはさらに拡大して、住宅・ワークショップ・共有ルームなどが建てられている。1970年代の終わりになると、持続可能なライフスタイルに開眼し、平和的な関係と自己認識、内省と自然との共生への意識を広めるようになった。原則は現在も厳密に守られ、コミュニティはエコビレッ

右：モレー湾はスコットランド最大の湾で、ゲール語名は「An Cuan Moireach」。ネズミイルカの重要な生息地で、アートの世界ではバンドウイルカが魂を安全な場所に導く精神的なガイドとして描かれる。

ジの模範となり、教育センターであるとともに、斬新な癒しの場所にもなってきた。他の宗教コミュニティ同様に、ここでも国境や宗教観を超えた世界への関心と奉仕が最重視される。メンバーは国連などの外部機関とのつながりを築きつつ、将来の世代のために知識と経験を共有しようと、世界に広く門戸を開いている。

フィンドホーンでは特定の信仰が優先されることはない。その代わりに、世界のあらゆる宗教を探究し学ぶことで、精神的なバランスと人間的な成長を目指す。現在、周辺で暮らす人々を含めてコミュニティのメンバーは数百人。毎年、自分を見つめ直すことで内なる平安を得ようと、世界中から数千人がコミュニティを訪れ、瞑想、教育プログラム、ワークショップに参加している。

Part 2
巡礼路と伝承

巡礼路は、過去と未来をつなぐ。歩み続けながら自分の短所や過ち、抱える問題が徐々にふるい落とされ、目指す未来に着いたときには、罪が赦され、内なる平安と恩恵を得ることができる。信仰の道へ一歩を踏み入れると、特定の場所・水・洞窟・山の頂きに、神・霊の存在を感じるようになってくる。こうした場所にはエネルギーが集積され、放出され、天の息吹がやさしく心をなごませてくれるからだ。

左：インド・グジャラート州のシャトルンジャヤ山にはジャイナ教寺院が密集している。寺院は神聖な土地をあがめるための祭壇であり、この山のひとつまみの土にも、罪を滅ぼし、魂を解放する力があると信じられて、持ち帰られる。巡礼者は頂上までの3,950段に及ぶ急な階段を登ってゆく。90分かかる道のりだが、息をのむ芸術の出迎えで労苦が報われる。

自然から精神的な恩恵が得られる場所は少なくない。浜に打ち寄せる波音に耳を澄ますと元気が出て、気分がさわやかになる。滝の瀑布を目の当たりにすると、落下する飛沫が地形をゆっくりと変化させる威力に気づく。勢いと流れの変化によって、水の表面が泡と飛沫に姿を変える、爆音の迫力に気持ちが高揚する。

都市であれ、田舎であれ、自然の中にいると、陽光がすべてを照らして輝かせる。かと思えば、霧や夕暮れのヴェールは神秘性をかきたて、ときには不吉な予感に身震いさせられる。自然の力と季節の変化が人の感情に影響を与え、それを受け入れることで鋭い知覚が養われ、立ち止まって地上に存在するあらゆる物事――森羅万象に思いをはせる。それだけでも海岸や田舎や公園へと出かける理由になり、自然の造形にふれ、色彩、香り、風景を楽しむきっかけになる。はるか昔から自然の領域に創造主の存在を感じとる人々は、ここに潜む自然の霊的な要素を感受してきた。あらゆる細胞、あらゆる分子にも精霊が宿り、それ自身神聖であるからこそ、その存在を感じるのである。

巡礼に出る理由はさまざまだ。悔い改めの実践・祈り・癒し・恵みを請うため、感謝を捧げるため。また歴史上の偉業や伝説の人物にちなむ場所を目的地にすることも多い。

カナダ北極群島でイヌイット族がイヌクシュクという石塚を建てたのは、実用面からだ。日照時間が乏しく、猛烈な吹雪に視界が閉ざされると、方角を見失うので道標を立てた。真白い大地で暮らすイヌイットにとって石塚は生活に欠かせない命綱であり、やがて守護神・道祖神の性格も帯びるようになった。自然が猛威をふるう危険な場所に多く建てられているのは、疲れた旅人の力を回復し、励ましを与えて旅を続けさせるため、避難場所や休息場所にも使われていたからかもしれない。イヌイットにとっての旅はほぼ狩りが目的である。忍耐力を維持し、狩りを成功させ、無事に帰還するために、霊的世界と折り合う必要があったのだ。

インドでは、聖人サンバンダルが陽気なダンスステップで旅をしてまわる。ヒンドゥー教のシヴァ神を称える魅惑的な宗教詩パディガムを歌うことで、人々の病んだ魂を癒した。マドゥライにあるミナークシ寺院にやってきた彼は、天性の明るさと豊かな心で病気の人を回復させ、問題を解決して先への道を切り拓いたのである。

宗教的な奇跡が起きた土地や、聖人の生誕地を目指すことも旅の理由である。日本の四国では、仏教を広めた空海（弘法大師）と関連のある八十八の寺を、徒歩で巡礼していくお遍路がある。この道をたどる人々は、寺院や巡礼路に空海自身が今も存在すると信じ、杖や荷物に「南無大師遍照金剛」という大師の名前を書き入れる。一方、チェコにある村ヘイニツェでは、近くの森に入った村人の前に天使が現れ、そのお告げに従うことで家族の病気が治ると信じられ、「和解の巡礼」に世界中から人々が集まるようになった。ヘイニツェの村に建てられた聖堂は、精神的な癒しを請う人々の聖地である。ギリシアのティノス島では、尼僧の夢に現れた聖母マリアの言葉に従うと、野原に埋まっていた古代のイコンが見つかった。小さな信仰の実践が大きな反響を呼び、巡礼者を引き寄せる場所に変わっていくのである。巡礼者は船で島に渡り、上陸後は最後の行程を這いながらゆっくりと進む選択肢もある。悔い改めと赦しのため、癒しを欲するため、あるいは子どもを授かる祈願のために訪れ、這って進む距離は1時間ほどでそれほど長くない。しかし巡礼者にとっては、普通に歩み寄るだけではただの心地よい散策にすぎなくなる。肉体的なつらさ・地を這う屈辱が、おのれの忍耐力を試す試練であり、特別な心境を味わう。謙虚になるだけでなく、おそらくは他者の苦しみを共有することになるのだろう。

同じように、シャトルンジャヤ山のパリタナの寺院群を訪れる人々は、どれほどきつい登りであっても途中での飲食を禁じられている。快適さを犠牲にすることで巡礼の重要性を認識し、強い決意を示して、心の準備を整えるのである。霊的な力がその存在感を示す場所では、そこへ到達するための道にも成長を促すものが見つかる。

左から右へ：多くのイヌクシュクがあるバフィン島（カナダ）、四国の寺（日本）、アダムズ ブリッジ（スリランカ・インド間のポーク海峡）、ルモーン ブラバン（モーリシャス）。

カナダ、バフィン島

13. イヌクシュイト

北極圏の極寒の自然は、無限の想像力をかきたてる。肌を刺す寒さ、真夜中の太陽、そして白夜。北極の夜空には大熊座が光り輝くが、オーロラの神秘に比べれば、その美しさもかすみがちだ。この自然現象はイヌイットの文化を知るために欠かせない要素だが、人を魅了する糸口はそれだけではない。イヌクシュクと呼ばれる人工の石塚がある（イヌクシュイトはその複数形）。特徴となる目印のない平坦な大地で、道標として、あるいは重要な位置を知らせる目印に建てられたものだ。形も大きさもさまざまで、旅行者には道標として役立ち、北極の伝説にも織りこまれてきた。つまり、イヌクシュクは外の世界に向けての実用的側面と、民話や神話という内なる領域の両方にまたがっていることになる。

イヌイット伝説の核となるのは、英雄キビウクの勇敢な旅物語である。彼は神話と精霊の物語の人物だが、現実の世界を背景に語られているため、イヌイットは長い歳月をかけて築いてきた彼らの文化遺産と関連づけて解釈している。キビウクは時空を超えて旅をし、物質的な世界と精神的な世界の両方で生きる存在である。さまざまな生き物が、人間の弱さ――嫉妬・欲・残酷さの象徴である。それらを上手に操り、うまく逃れるのがキビウクに課された使命なのだ。実際に彼は、鳥や動物の力を借りて旅をするときもあるし、祈

左：イヌイットは北極原野から力を感じとり、自然を文化として祝福する。しかし、つねに豹変する風景に、重要なパワースポットが隠されてしまう恐れがあり、標識が必要になる。石でつくられるイヌクシュクは自然の中に存在する霊的な力を表す目印にもなる。

下：イヌクシュクとは、「人間の存在を表す」という意味。道標の役割を果たすものもあれば、目立たない場所に置かれて、より深い意味を考えさせるものもある。それぞれが独特の形をしているが、いずれも襲いかかる厳しい自然環境に適応する手助けに建てられている。

祷師でもあるので歌いながら旅する場合もある。祈祷師は特別な力、多くの場合は癒しの力で他者を助ける。その能力を悪用する者は必ず報いを受ける。キビウクは超越的な能力を数多く備えているが、人間的な脆さも兼ね備える。イヌイットの伝説では、キビウクの弱さと強さの両方を伝えるのが習わしである。イヌイットにとってのキビウクは預言者であり、その物語こそが指針の役割を果たすからだ。彼の強さが手本になり、その失敗が教訓になる。物語を聞く者は、そこから善悪を学び、ささいな行動も手本にして、どれを選んでどれを拒否するかを学ぶ。

キビウクが登場する物語のひとつ——それは両親を亡くし、祖母と一緒に暮らす少年とともに始まる。少年は村人からいじめを受け、何度も衣服をビリビリに引き裂かれ、生活はみじめそのものだった。たまりかねた祖母は少年をアザラシに変えて復讐させる決意をする。アザラシになった少年は、いじめっ子たちをカヤックで海に誘い出す。すると嵐がやってきて船は転覆し、いじめっ子たちは海へと沈んでしまった。残酷ないじめに加わらなかったキビウクだけは、思いやりとシャーマンとしての力、守護霊の助けによって少年の復讐から逃れられた。カヤックを巨大なハマグリに近づけすぎたときには、海岸のイヌクシュクから警告と助言を受け取る。

神話が知恵の源となって新しい世代に伝えられ、しばしば牙をむく厳しい環境下で生活する困難を克服する知恵となる。その指針がイヌクシュクには凝縮されている。キビウクという人物像も、民話という文化遺産に根づいて、イヌクシュクと呼ばれる存在になっている。

右上：北極の冬は暗く、北極圏よりも北の地域では日中もまったく太陽が昇らない。太陽は 11 月後半に沈み、1月中旬まで姿を見せないのだ。対照的に、夏は 24 時間の昼間が続く。この写真は北極点近くでの真夜中の太陽。

右下：ここバフィン島では、刻々と変化する光と低い雲が異様な影となり、風はうなりをあげる。日射しは雪に反射し、切り立った尾根、細かい雪筋が残る山頂に、魔法のような光と影の装飾をなす。標高 2,440m を超える山々には未踏の地が残り、人間のあずかり知らない神秘性を宿している。

下：ヌナブト準州バフィン島のアドミラルティ湾で、イヌイットの男性が犬を休ませながら、空を見つめている。ヌナブトとは「われわれの土地」を意味するイヌイットの言葉で、人と土地の絆を表す。大いなる自然が風景を変貌させていき、人間の生活を支配する。冬の気温は平均零下 32 度で、すべての生物が環境に従ってその姿を変化させていく。

インド、タミルナードゥ州マドゥライ

14. ミナークシ寺院

パディガムと呼ばれる信仰の歌は、神の栄光を讃美する10行詩の花冠といわれる。深い信仰を言葉の花にしてつなぎ合わせた花飾りとも表現される。マドゥライは花とのかかわりが深い町。甘い香りを放つジャスミンの産地としても有名で、さかのぼれば蓮の花を模して建設された町の名前はシヴァ神がこの土地と住民に祝福を与えたときに、髪から滴り落ちた聖なる蜜「マドゥ」にちなんでいるという。

7世紀、この町のシヴァ神信仰の発展に貢献した聖人のひとりで、奇跡を起こすパディガムを作曲し歌い続けたサンバンダルという若い音楽家がいた。信仰への目覚めは3歳のとき。目前に現れたシヴァ神と妻パールヴァティー神から、金色のシンバルとミルクを渡された幼な子は自分でつくった曲でそれに応じ、以来、歌い踊り続けながら短い生涯を過ごした。サンバンダルの生涯は、舞踏のステップで刻まれた旅だったが、それは決して軽佻浮薄なものでなく、シヴァ神を崇拝する巡礼の旅を続けたのだ。やがて歩みはインド南部にまで達した。彼が奇跡の曲を披露すると、病人は癒され、死者はよみがえり、苦しみが取り除かれた。旅の途中でマドゥライへ召喚されたサンバンダルは、女王から助けてほしいと頼まれる。国王がシヴァ神信仰を一掃する勢いで広まっていたジャイナ教を信奉していたため、女王

右：背の高い12基の優雅なゴプラムが寺院入口を飾る。外壁は、彩色された彫刻で埋め尽くされている。破風に神と女神、獣と悪魔が隙間なく刻まれ、像の足元には下の像の頭がのぞく。

下：黄金の蓮池には、巡礼者が沐浴できるように階段が設けられている。池は寺院よりも古く、詩人、学者が集まって討論する場としても有名だ。タミル語の古典歌集『サンガム』もここで生まれた。

はシヴァ神への信仰を実践できずにいた。その後、この町でサンバンダルとジャイナ教徒の間で一連の対決が続く。サンバンダルはジャイナ教徒が放った火をパディガムでねじふせ、火が再び勢いを取り戻すと、逆に王に火傷を負わせるのだが、聖なる灰を使ってそれを癒したという。次に、各宗派の聖句を書いた紙を使って、火と水の試練にどれだけ耐えられるか競うことになった。ジャイナ教の最初の言葉は炎に呑みこまれ、２番目は川の水で流されてしまったのに、サンバンダルの書いたパディガムの詩はめらめら燃え上がる炎にも焼けることなく、川に流されても無事に上流へとさかのぼっていった。これを見てジャイナ教徒は敗北を認め、王と臣民はシヴァ神信仰へと帰ることになった。

こうして、マドゥライにシヴァ神をあがめる寺院が築かれた。シヴァ神とパールヴァティー神に捧げられた寺院だが、ここでは、スンダレシュワラ神とミナークシ女神として祀

られている。2,500年の歴史をもつマドゥライの町中央に建つミナークシ寺院は、宇宙への道筋となる東西南北の方位を重んじた設計で、敷地内には贅沢に装飾された12基のゴプラム(塔門)や、神殿に入る前に周回する黄金の蓮の池、渾身の彫刻を施した見事な柱が並ぶ千柱堂などがある。この柱のいくつかは楽器のごとく、叩くとそれぞれ異なる音色が響く。また寺院では祭りが、年間を通して幾度も開かれる。最も盛大な祭りはスンダレシュワラとミナークシの結婚を祝うものである。何世紀にもわたり、サンバンダルが作曲したパディガムの曲が寺院に響き渡っている。それは現在でもまだ歌われ、シヴァ神に捧げられるタミル語賛歌が始まりを告げる。

左：寺院の規模と、工芸技術の高さがよくわかる。職人らは石に神が宿っているとみなし、技術の粋を駆使して、聖域を知らしめるよう努めた。

右上：金色のドーム脇に建つ、北のゴプラムは9層から成る建物で、高さは50m近い。ゴプラムの外壁を埋める漆喰細工の像は12年ごとに修復され、色も塗り直す。

右：黄金の蓮池を取り囲む回廊で祈る巡礼者。人ごみから離れて静かなひとときを過ごしている。寺院に入る前に池の周りを歩くのがしきたりである。平日でも6,000人が訪れ、祭りになると数えきれない人々が参集する。

次頁：彫刻が刻まれた柱が並ぶ千柱堂。柱を鳴らすと各柱から異なる音が発する。彫刻の動物たちもパディガムを歌い、神を称えているのか。

インド、グジャラート州

15. パリタナのジャイナ教寺院群

パリタナの町を最初に支配したのはタークル・サーヒブ・セジャキという王だ。時代は1194年にさかのぼる。当時、ジャイナ教寺院の建築が始まって約1世紀が経過していた。ジャイナ教の開宗が紀元前6世紀だったことを考えると、巡礼と宗教儀式は、寺院建築が始まるはるか以前から習慣化していた可能性が高い。初代ティールタンカラ（禁欲と他者への愛によって悟りを開き、精神的指導者となった人物）のアディナータ（リシャバ）は、ここパリタナで無限の知識を獲得したと伝わる。この町は古代からジャイナ教と関係が深かった。アディナータ（最も優れた者の意）は住民たちに農業と家庭生活を手ほどきした。また、洞察力にあふれ、相手をすぐに見抜き、それぞれの天賦の才に応じて芸術、工芸、言語、武道を教えたという。

このカリスマ的な人物の存在が、パリタナをジャイナ教最大の巡礼地にした。アディナータ本人も99回訪れたという恵みに満ちたこの町は、彼に刺激された多数の人々の魂が救済されるのを見届けてきた。選りすぐりの巡礼地と呼ばれ、現在はシャトルンジャヤ山麓から2つの峰の頂上にかけて、863の寺院が密集している。町の目抜き通りには祠堂、休息場所、旅人に宿泊場所を提供する下宿屋が並ぶ。山麓が巡礼の出発地点となり、山へ登る前にシャトルンジャヤ川で沐浴を済ませて禊ぎをする。頂上までの3.5㎞は、3,950段の急で厳しい階段を登る平均90分の道のりだ。ここでは山自体が神とみなされ、山の

左：幾何学模様・律動感・規則性のある建築表現が、視覚を刺激し、さらに魂にも届いて日常を超越した新しい意識の領域へと導く。シャトルンジャヤ山の巡礼路には863の寺院や神殿があるが、夜になると神々が休息をとるため、夕暮れまでに山を降りなければならない。

上：寺院のイメージを視覚化し、設計した建築家たちは、存在感を出すための方法を知っていた。対称、比率、遠近法といった技術を駆使して見る者の視線を誘導し、調和が保たれた空間に迎え入れる。

右：現在の巡礼者は、癒しのため・精神の浄化のため・気持ちを鼓舞するため・子宝に恵まれることを願って寺院群を訪れる。ある神殿では、子どもを授かることを願う女性が小さなゆりかごを置いていくのが伝統になっている。

ひとつまみの土を頭にかぶるだけで罪が赦され、世俗の心配ごとから解放されると信じられている。階段を登るのが困難な人のために、代わりに拝むことのできる山の模型もあるが、巡礼では少なくとも５つの寺院を訪れることが慣例になっている。大理石の荘厳な寺院、彫刻や彫像に満ちた神聖な空間が、巡礼者を視覚的にも圧倒する。同時に、重い建築材を運んだ労働者、見事な作品をつくり上げた職人への畏敬の念も生まれる。急な階段が連続

し、肉体的に大きな負担ながら、巡礼者は途中で一切の飲食を禁じられている。山の神聖さに敬意を表すためである。夜間には神々に静かに休んでもらう必要があるので、日没前には山を降りなければならない。翌日、また別の巡礼者たちが訪れて、正しい信仰・正しい知恵・正しい行動を知るため、香を焚き、歌い、鐘を鳴らす一連の行動が繰り返される。

上：寺院の正面で男性が大理石の床を掃き清めている。誤って殺さぬように昆虫も排除している。ジャイナ教僧侶は「アヒンサー（不殺生）」の教えを厳守することを誓う。

上：美しい建築に囲まれることは、調和のとれた自然の中に身を置くのと似ている。すべてが計算され、洗練され、構成要素の間にバランスが保たれ、それぞれが隣接する建物のための空間をつくっている。

インド、ウッタルプラデシュ州アラハバード

16. クンブ メーラ沐浴祭

プラヤグとは「犠牲場」を意味するのだが、一説によればブラフマー神が世界創造を祝って最初に生贄を捧げた場所らしく、1583年からアラハバードと呼ばれるようになった町の古代の名である。この町は、ヒンドゥー教徒にとっては計り知れないほど大きな精神的価値がある。

数千年前、神々と悪魔はいっしょに乳海を撹拌して「アムリタ（甘露）」をつくり、不老不死の霊薬を平等に分け合うことで合意した。しかし、アムリタであふれんばかりの貴重な壺クンブが現れると、悪魔たちはそれを奪って逃げてしまった。神々は悪魔を追跡し、戦いは12日と12晩――人間の時間に直すと12年分も続いたという。その間にアムリタの滴が地上のナシーク、ウジャイン、ハリドワール、プラヤグの地にこぼれ落ちた。天上の戦いから数千年間、霊薬の流れついたこの4つの町は聖地として順番にクンブ メーラ祭を開き、巡礼者を集めてきた。

12年に一度、プラヤグで盛大に開かれるマハ クンブ メーラは、約6,000万人が参加する世界最大の集会である。プラヤグの地は、聖なるガンジ

下：聖なる3つの川――ガンジス川、ヤムナ川、サラスヴァティ川の合流地点に位置していることが、プラヤグに3倍の恵みがもたらしている。2001年は144年（12×12）周期の最後のマハ クンブ メーラの年にあたり、最高の人出が記録された。新しいミレニアムの始まりを記念するかのように、祭りには約7,000万人が参加したと報告されている。144年ぶりの天体軌道を迎えたこの年、聖なる時刻と土地が結びつき、クンブ メーラに身を置く者に大きな恵みをもたらした。

右：信者の行列が浮桟橋を渡る。川はインドを網羅し、流れるほどに存在感を増し、信仰の動脈のごとく働く。巡礼者が大群衆に混じるときには列をなし、それぞれの衣服の端をつかむ。

महामण्डलेश्वर

ス川とヤムナ川、神話的なサラスヴァティ川の合流点に位置しており、どこよりも神聖な地とみなされてきた。クンブ メーラ祭の日付は天文学を基にして定められ、12 年に一度のマハ クンブ メーラは木星がみずがめ座（インドではクンブと呼ばれる）に入り、太陽と月が山羊座に入るときに開かれる。

42 日間に及ぶ祭りの期間中、とくに沐浴に適した日が数日あり、天体軌道によって定められているが、沐浴の水に罪から解放する霊的な力が加わる。この禊《みそ》ぎを得られるだけでも、川の水の汚れ・混雑・不快さという実際的な問題を吹き飛ばすに十分だ。あらゆる階層の人々がこの経験を共有し、祭りの高揚感と神に近づく喜びに浸る。病弱な者は、健常者に水に入る手助けをしてもらい、親密に接することで弱者が強者の救いになる。個人の信仰は、祈り・詠唱・瞑想・寄進・供物といった形をとる。僧侶・聖人・サドゥー（修行僧）・ヨギ（ヨガ行者）らが集合し、大勢の信徒が敬虔な気持ちで行動することで、この祭りの神聖さと権威と効力を高めていく。聖職者の中には社会から離れた隠遁生活を送り、12 年に一度この大集会のためだけに訪れて祭りに加わる者もいる。与えられる恵み「ダルシャン」は、受け手には特別な意味をもつ。サドゥーたちの行進は、霊的な力「シャクティ」のもうひとつの源泉だ。聖者が馬、籠、象、駱駝に乗って移動する色鮮やかな活気あふれる行事で、聖者のカリスマ性が、移動手段の違いや、身にまとう衣服の違い（全裸で歩くサドゥーも多い）などを気にせず、すべての人が祝福を受ける信仰の寛容さを表す。派手な色彩と大音量の音楽にばかり圧倒されがちだが、すべてを支えているのは大きな信仰心だ。

左：マハ クンブ メーラ第５日目の祝福は春季の始まりと重なる。黄色い服を身につけて、豊かな収穫を祈る。

下：ヒンドゥー教徒にとって、ターメリックで染めた黄色をまとうことは、春の祝福を意味する。心を刺激する、幸福と瞑想の色でもある。ここではサフランの色も混じり、火による浄化という清めの要素が加えられる。それは節制を誓い、光を求め、世俗の雑事を放棄することを表している。

日本

17. 四国遍路

四国は日本の主要四島では一番小さく、東西に225 km、南北に150 kmの島である。本州と九州の間にあり、九州東端の関崎とは目と鼻の先である。四国遍路の霊場である八十八ヵ所の寺は、海岸線に多く点在している。巡礼者は山中や森林を抜け、海岸や道路に沿って歩くものの、途中では雨や強風に見舞われることもある。この巡礼がなぜこれほど多くの寺院を訪問するのか理解するためには、774年に佐伯《さえきの》真魚《まお》の名前で生まれた空海について知る必要がある。

空海は少年の頃から成績優秀で、将来を嘱望されていたが、周囲からの期待には興味がなかった。より深い天職を模索していた彼は、ある仏僧から瞑想を学び僧職につくことを考え、大学を去ることにした。やがて仏典を研究し、四国南部の洞窟でひとり籠もって深い瞑想にふけりながら、天と海だけを見つめて長い月日を過ごすことになる。僧侶になるという人生を変える決断を確固たるものにするため「空海」の名を選ぶと、生活から物質的誘惑を排除し、清貧に徹し、学習に徹した。さらには、仏教に関する知識を深めるには日本に師が不足していると感じ、中国へと旅立った。そこで、密教を基盤にした真言宗の第七祖恵果からたぐいまれなる理解を得ていることを認められ、わずか3ヵ月の修行で恵果の後継者に指名され、できるだけ早く日本に戻り、教えを広めるよう命じられる。

806年、空海は450を超える書物と経典、マンダラや教義に用いる道具を携えて帰国した。空海の師としての評判は次第に高まり、密教や一般仏教について広範な書を著し、僧院の建築を監督し、日本文化に真言宗の教えを深く定着させた。彼は835年の自分の死を正確に予言し、没後約100年してから醍醐天皇から「教えを広めた偉大なる師」を意味する弘法大師の称号を与えられた。その高潔さは昔話で語り継がれ、彼の起こした奇跡や癒しについて

左：巡礼路の全行程を歩き切るには2～3ヵ月かかる。巡礼者は「遍路」「お遍路さん」と呼ばれる。白い衣服は死に装束で、かつて遍路が旅の途中で死ぬと、空海（弘法大師）を象徴する「同行二人」の文字が書かれた杖が墓標として立てられる習慣があった。

右：伝統的に、四国遍路は時計回りで八十八の寺を順番に訪れる。しかし、空海の同時代には大師と途中で出会うことを期待して、わざと逆回りで歩いた者もいた。そのため、現在もその考えに従う遍路もいる。八十八の数字は人間の煩悩を表し、それぞれの寺に立ち寄りながら全行程を終えると、すべての煩悩が消えるという。

の何百もの物語が受け継がれ、現在にまで及んでいる。やがて信奉者は彼の生涯と教えをたどる場所を訪ね歩くようになり、それが四国巡礼の起源と考えられている。一部の宗派では人間の煩悩の数が88あると考えており、八十八ヵ所の寺を巡ることでそれをひとつひとつ打ち消していくともいわれる。巡礼者は「同行《どうぎょう》二人《ににん》」（大師と歩く）の言葉が記された参拝道具を持ち歩くのが慣わしで、空海がかたわらにいて旅の友として力を貸してくれることを示すものである。

奉納
奉納

左上：松山市にある石手寺《いしてじ》は人気のある札所。見事な仏像や仏画のある三重塔が有名だ。寺を見下ろす裏山の林に巨大な石の大師像が立つ。寺では参拝を告げる鐘を鳴らすのが習慣になっている。

左下：遍路は納め札を持ち歩き、それぞれの寺に納める。途中で手助けしてくれた人に手渡してもいい。納め札は訪ねた寺の数によって色が分けられ、30を超えると金色になる。多くの遍路は納経帳か納経軸を持ち歩き、訪れた寺の墨書と御朱印をいただく。

上：現代人のお遍路さんは、全行程を歩く時間をつくることがむずかしい。そのため部分的に交通手段を用いることも多くなった。何より重要なことは、できるだけ多くの寺を参拝することだ。

スリランカ・インド間、ポーク海峡

18. ラーマ セートゥ（アダムズブリッジ）

ラーマ セートゥ（アダムズブリッジ）は、アヨーディアのラーマ王子がスリランカの魔王ラーヴァナからシーター姫を救い出すときに渡った橋である。物語は古代叙事詩『ラーマーヤナ』で語られ、橋の存在は何世紀にもわたり神話の領域だった。インドとスリランカをつなぐというものの、どこでインド本土を離れ、島のどの海岸と結んでいるのか、正確なところは誰もわからなかった。しかし、NASAが撮影した衛星写真によって、実際に両海岸を結ぶ石灰岩でできた砂州があったことが判明した。マンナル湾とポーク海峡間の浅瀬に、30㎞の曲がりくねった砂州の連なりが、偶然見つかったのである。

『ラーマーヤナ』は紀元前400年頃に詩人ヴァルミキによって書かれた。ラーマ王子はシーター姫救出のために弟ラクシュマナとインド全土を旅して、危険・悪魔・数々の困難に立ち向かいながら、弱者や貧者を助けて歩く。その大胆な冒険と善行が暗示するのは、神の存在であり、ラーマは慈悲と美徳を体現するヴィシュヌ神の化身にほかならない。この冒険は揺るぎない信仰をとおして、いかに困難を克服するかという手本になっている。物語が進むに従い、正しい道を歩み続けるには決断力が必要であること、さらに他者の助けを借りること、ともに働くことの価値感も示される。人には果たすべき役割と活用すべき天賦の才能がおのおのあり、私心をなくし、自分の最善の部分を差し出して社会に貢献するよう教えているのである。ラーマが旅に出るときは弟だけを伴っているが、途中で猿の一団と猿神ハヌマンに助けられる。ハヌマンは海を飛び越えてスリランカに渡り、シーター姫が捕らえられている場所を見つけだすと、彼女を勇気づけ、再びラーマとともに助けに戻る。彼らはいっしょに橋をつくり、魔王ラーヴァナを倒して故郷に帰る。ラーマとシーターの苦難はそこで終わるわけではないが、実際にも比喩的にも、橋を渡ることによって2人の人生は続いていく。

橋の発見は、ヒンドゥー社会にとって大きな喜びだった。古代の神話との目に見える結びつき、しかもラーマ王子自身とのつながりが明らかになったからだ。しかし、いったん発見されて地図に示されると、排除すべき障害物としての側面も生じることになった。橋を壊して大型船の通航を可能にするという提案が、大きな論争を招いている。その計画が実行されれば、神聖なラーマの橋を切り裂くだけでなく、橋の存在が象徴するものを宝物と考える人々にとっては、せっかく発見された結びつきが断ち切られることになるからだ。ヒンドゥー教徒による抗議を支援したのが、環境保護者たちだった。彼らはマンナル湾がアジアの最も美しい海岸地域のひとつであると主張して、その破壊に反対している。この21世紀の論争がどんな結果になるにせよ、ラーマ王子が平和と正義の使者として今後も敬われることは間違いない。彼の誕生はヒンドゥー教の重要な祭りのひとつ「ラーマナヴァミ」として祝福される。

右：インドとスリランカを結ぶ道は、神話にだけ存在すると思われていた。しかし、スペースシャトル「ディスカバリー」から撮影された写真からわかるように、島から本土へ、指を伸ばしたように瀬礁が続き、実際に陸はつながっていた。ヒンドゥー神話では数千年間も存在していた橋だが、ずっと人の目からは隠されてきた。

HOTEL

チェコ共和国、ヘイニツェ

19. 聖マリア教会

ポーランド・ドイツとの国境に近いチェコの北部に、イゼラ山脈が谷に変わる場所がある。古くからの森林地帯は、世界中から巡礼者が集まる聖地として発達してきたが、その巡礼の小さなルーツもこの森林にある。ある貧しい村人が、病気がちの妻と娘を家に残して薪を集めに森へ出かけた。作業の合間にひと休みしようと、よい香りがするリンデン（西洋菩提樹）の根元に腰を下ろしたところ、枝の隙間に２人の天使が現れ、その輝きで樹木が明るく照らされた。そもそも東ヨーロッパではリンデンは病気を吸収し、雷をもはねつける樹木として神聖視されている。休んでいた村人に、天使はこう告げた。この場所は神のお気に入りなので、樹木の下を通る人々に恵みが与えられるように、聖母マリアの像を飾る必要があると。村に戻ると、彼は天使のお告げどおり小さな像を買い、木の中に据えた。それから病気がちの妻と娘を連れていっしょに祈ってみると、２人の病気はすっかり治り、大喜びした家族はその恵みを村の仲間と分かち合うことにした。このよい知らせはすぐに広まり、それ以降、巡礼者が続々と訪れては神を称え、抱える悩みを癒してもらえるように祈った。1211 年にはこの場所に小さな木造の礼拝堂が建てられ、「チェコのマリアツェル（聖マリア教会）」と呼ばれるようになった。

やがて、巡礼者の数が増えて当初の建物では手狭になり、15 世紀にはゴシック建築の教会に建て替えられ、17 世紀には近くに修道院も増設された。道は険しく野生の獣もいて、夜には暗闇に覆われる深い森をここまでやってくるのは容易なことではない。しかし、巡礼者はこの危険な道のりに象徴的な試練を見出していた。危険を乗り越え、仲間と助け合い、何よりも信仰に助けられて無事に目的地に達することに意味があるのだと。さらに、目前の難問に直面すると祈りに集中するようになり、目的地までの道のりで心の準備を整えることができる。途中の旅が困難な分だけ、ヘイニツェにたどり着いたときの喜びが大きくなる。そして無事の到着で信仰がさらに深まり、精神が鼓舞される。18 世紀には巡礼者が増え、聖地としての重要性が高まったために、十字形の聖マリア巡礼教会が建てられた。主祭壇の上には今も同じ聖母マリア像が立ち、片方の腕に幼いキリストを抱き、もう片方の手にはリンゴを持っている。長い歳月の間にヘイニツェの村は、火災、窃盗、政治的混乱、戦争などさまざまな災難に見舞われた。しかし 1989 年に共産主義体制が崩壊すると、信仰復興センターが設立され、毎年５月には「和解の巡礼」が、７月には聖母マリアの出現を記念する祭りが催される。さらに、年間を通して精神の癒しと再生を目的とした数多くの会議・セミナー・瞑想集会が開かれる。現在ではこの地への巡礼は、危険性はやや低くなったものの、巡礼当初の目的は揺らいでいない。

左：ヘイニツェの聖マリア巡礼教会の空撮。
現在は「和解のための巡礼」開催地となり、地元住民のほか、ポーランド・ドイツなどヨーロッパ諸国から旅行者が集まってくる。村はイゼラ山脈の山腹に位置し、先史時代から人が住んできた。

ボスニア ヘルツェゴビナ

20. メジュゴリエ

1934年、メジュゴリエの教会区がキリストの受難1,900年を記念して、シポヴァツ山の道に沿って「十字架の道（ヴィア ドロローサ）」の業を行う十字架を立て、山の名前を「十字架の山」を意味するクリジェヴァツに改称した。そこから、この山道は現在も受け継がれる巡礼路になった。崩れそうな岩だらけの山道を、黙々と巡礼者が祈りながら歩く。十字架ごとに立ち止まっては瞑想し、頂上を目指していく。この無名だった村での沈黙の道行きは、メジュゴリエがヨーロッパで3番目に人を集めるキリスト教の人気巡礼地となってしまったことで、今では事実上、不可能になっている。

1981年、ポドブルドというもう少し小さい丘で、メジュゴリエから来た10～17歳の6人の子どもたちの前に、聖母マリアが姿を現して平和とキリストへの恭順を説いた。聖母の出現とお告げは一度だけではなかった。驚く子どもたちの前に翌日もまたマリアが姿を現し、話しかけられるほど近くまで歩み寄ることができたという。不思議な遭遇のニュースはすぐに広まり、3日目には数千人がポドブルドに集まった。この日は聖母が30分もそこにとどまったという。なかでもマリーヤという名前の少女は、丘を下りていくときにさらなる不思議な体験をした。聖母が虹色の十字架の前に立ち、神の平安とともに生きるよう村人に促すのを見たのである。4日目には、この出来事に無神論者である共産党役人が不信を抱き、司祭のヨゾ・ゾヴコに聖母の出現を否定するように圧力をかけたものの、司祭はそれを拒否した。その後、子どもたちは医者の診察と尋問に連れていかれた。村に戻ってきた彼らは、群衆をかき分けて丘の頂上まで登り、再び幻影を目にする。5日目には興奮を共有しようと1万5,000人がやってきたといわれる。その話を幻覚とか精神病とか作り話として否定しようとする医者たちが改めて子どもたちを診察したが、仮病疑惑を証明することはできなかった。警察は子どもたちを逮捕しようとしたが、ヨゾ神父は子どもを保護するよう神に告げられ、自分の家にかくまった。村に集まった人々も子どもらの居場所について、警察を混乱させる情報をわざと与えた。ヨゾ神父は人々の態度の変化を歓迎すべき出来事と考えた。野次馬として訪れた人々も当事者となり、当惑した傍観者ではなく信念をもった巡礼者として行動したからだ。彼らが教会を訪れて司祭とともに祈ったとき、その変化が本物であるとわかった。全員がこの出来事の意味を理解できるように神の助けを求めて祈ったという。

やがて、当局はこの騒ぎを鎮圧できないと理解し始めた。実際に聖母の出現は続き、最初の幻視者のひとりミルヤーナは、現在も毎月25日に愛と平和のメッセージを受け取り、教会区から世界へ伝えている。こうしてメジュゴリエは世界中からの巡礼者を歓迎するようになった。祭りの祝福を共有するため、あるいは静かな祈りや、日常生活への精神的な滋養を求めに多くの人々がやってくる。

上:クリジェヴァツは「十字架の山」として知られる。信心深い人々がこの石だらけの山に登り、十字架を置いていく。十字架には自分の衣服を結びつけることが多い。ここでは、村での忙しい巡礼活動から離れて、静かに瞑想することができる。付近一帯には聖母マリアが村の子どもたちの前に姿を現した場所の目印となる十字架が立てられている。

上：子どもたちの前に最初に幻影が現れたのは 1981 年6月 24 日。20 年後、この日を記念して大勢が集まり、不思議な出来事に関連する場所を巡った。この写真はメジュゴリエの教会前広場に集まった人々。

上：2001年の20周年の巡礼には2万人が参加した。司祭・尼僧・修道者・一般の人々の歩く姿がはるか彼方まで続いている。教区内にはいくつかの宗教コミュニティができ、なかには外国人がつくったものもある。彼らは地域の一員として、孤児院、シングルマザーのための家、障害児のためのセンターなどを経営している。宗教的、日常的な必要はこの互助的な環境の中で満たされる。

左：「マリア出現の丘」を登る人々の後方にマリア像が見える。巡礼者は祈りを捧げるために立ち止まる。足元は危険で、岩だらけの山道を登るのは大変だ。しかし、そうしたこともほとんど障害にはならない。巡礼の旅は肉体的な快適さを求めるものではなく、精神的な成長と神のもとに近づくことが目的だからだ。

ウガンダ、ジンジャ
21. ブジャガリの滝

ブソガ王国とは実質的にはひとつの島で、キオガ湖・ヴィクトリア湖・ナイル川・ムポロゴマ川に周囲を囲まれている。ブソガの住民にとって、生活だけでなく文化的にも水が大きな役割を果たしてきた。最近になって、聖なる滝の精霊が旅をする運びとなった。流域住民の利益を尊重して、住み処を移すことになったのである。

ヴィクトリア湖からの水流は段瀑となって、地形の段差を順に落下しながら、3ヵ月かけて北の地中海に流れこむ。源流に最も近いのがブジャガリの滝で（現地の言葉ではブダガリ）、地元民はここを精霊ブジャバルドの故郷と信じてきた。ブジャバルドは、「ブジャガリの医者（ジャジャ ブジャバルド）」と呼ばれる地元の男性に姿を変えている。地元の薬草を使った儀式と癒しの力で、共同体の生活を守ることが彼の役割で、その秘術は何世代にもさかのぼる祖先から引き継がれている。現在の医者はブジャガリ39番目の化身で、普通の人が挑戦することなど夢にも思わない場所で滝を渡るといった超能力をもつといわれている。ところが現在、彼は祖先が想像すらしなかった困難に直面することになった。

ウガンダの電力不足解消のため、水力発電のため新しいダムが建設されることになった。古くから重んじられてきた精霊の故郷が水底に沈もうとしている。川の水量は制御され、放水する川底の地形を平らにするため、滝の轟音は静まることになる。川の水から電力が家庭や工場に送られるのだ。だがブジャガリの医者は、精霊をわずらわせることはけっしてすべきではなく、精霊の許しを得ないままダムを建設すれば災いを招くことになると警告した。そこへ、ヌフードゥという名の治療師が現実的な解決策を提案。ナイル川下流8kmのところにあるナミッジ村に、精霊の新しい住み処を用意したのである。ヌフードゥは権威と守護の象徴である槍を樹皮で包み、滝の急流の中にいったん沈めた。水は生命の源で、自然の豊かさはけっして封印できない霊的エネルギーを表す。水に浸して精霊の活力を吸収させ、転移させた槍を、ヌフードゥはナミッジ村に運び、移転の儀式を執り行った。儀式が終わるまで、雨が降りやまなかった。動物と鳥が供物として捧げられ、火が燃やされ、村の人々は食べ、歌い、踊った。叩きつける勢いの雨が地域一帯を洗い清め、精霊はこの新しい家に気分よく移り住むことができたという。これでダムの建設計画は精霊たちの怒りを買うことなく進められるだろうと、ブソガの住民は文化的発展のために、時代の変化を受け入れたが、精神的な支えである精霊を敬うことを忘れることはない。

左：少女が、ブジャガリの滝に水をくみにやってきた。この滝ははるか昔から、ブソガ王国住民の健康と幸福を守る精霊ブジャバルドの住み処だった。最近になって現実的かつ文化的な変化をこうむっている。

チェコ共和国、クトナーホラ

22. セドレツ納骨堂

納骨堂は、セドレツの聖母マリア大聖堂から近い墓地教会の地下にある小さな礼拝堂。1278年に聖地から届けられた土をきっかけに、15世紀に建設された。この年、セドレツのシトー会修道院のハインリヒ修道院長が、ボヘミア王オタカル2世の使節としてエルサレムに派遣された。ゴルゴタの丘を訪ねたハインリヒは、エルサレムから丘の上までイエスの足跡をたどる巡礼をしたと伝えられる。イエスはゴルゴタ（髑髏《どくろ》の地）の丘へ、磔刑にされる十字架をみずから背負って歩いた。この苦難は人々の罪に赦しを求めるための最大の自己犠牲を示す行動として礼拝で語り継がれ、「十字架の道」「悲しみの道」＝ヴィアドロローサとして宗教芸術の主題になっている。

ゴルゴタに到着したハインリヒは、キリストがみずからを犠牲にして魂を捧げた神聖な地にひざまずき、ひと握りの土をすくった。修道院に持ち帰り、同志が埋められている墓地にまいたとき、キリストの死との結びつきが生まれ、その墓地の土は清められた。それはささやかな行動ではあったが、特別な瞬間にもなった。名もない修道院に、聖地の土が聖なる種のようにまかれたのである。聖地を訪れた他の巡礼者は「真の十字架」の破片を持ち帰っていたが、ハインリヒは聖地そのものを持ち帰ったことになる。この話が広まると、誰もがこの墓地への埋葬を望み始めた。この世の肉体をこれほど神聖な土に埋もれさせて永眠できれば、天国への道は約束されたに等しいと考えたからである。

こうして、はるか遠方からも神聖な墓地に遺体が運ばれるようになった。14世紀の疫病が広まった時代には墓地が拡張され、3万人の犠牲者を葬ったという。15世紀には墓地の敷地に礼拝堂が建てられ、無数の遺骨を収容するために地下の納骨堂もつくられた。遺骨を並べる仕事を任された半盲の修道僧は、ピラミッド型に骨を積んでいったという。19世紀末になって、フランティシェク・リントという木彫師が約4万の骸骨を並べ直し、現在の形になった。彼の想像力は人骨から成るシャンデリア・鐘・紋章・文様・花飾りへと広がった。現在ここを訪れる旅行者は、この比類ないディスプレーを前にして、心からの驚きを表さざるを得ない。「メメント モリ（死を忘れるな）」「ヴァニタス（すべては虚しい）」と呼ばれるモチーフは古

左：頭蓋骨のてっぺんに座る天使。この天からの使者は智天使ケルビムでなく、平和と繁栄、陽気で楽しいくつろぎの時間を象徴し、その存在が納骨堂にささやかな明るさをもたらしている。展示全体にもその意図があり、骨となった人々の眠りが安らかであるよう祈りつつ、彼らが陽気に楽しんでいる姿を想像するのも悪くない。

右：納骨堂のプロジェクトに参加したフランティシェク・リントは、独創的な想像力を発揮する自由が認められた。木彫家のリントは風格ある文様やデザインに熟練していた。人体のあらゆる部分の骨で組み上げたシャンデリアと、取り囲む花飾りは、まさに造形芸術の傑作だ。

代からのものだ。独創的表現を通して、生命のはかなさ、避けられない死を認識させるものである。そこから人間の存在意義について考えさせ、魂の探究へと駆り立てる。この納骨堂につくり上げられた魅惑的な作品群が呼び起こす本能は、まさにそうした感情である。骸骨に囲まれて立っていると背筋が寒くもなるが、ハインリヒの巡礼と、キリストの「髑髏の地」ゴルゴタの丘へ歩みとの由縁をじっくりと考えさせられる瞬間でもある。

左上：骨の装飾は命をもっているかのようだ。恐怖心を克服して創造主のなせる技に向かい合うとき、人間の骨格の美しさと、機能性に気づかされる。

右上：リントは納骨堂の片隅に骨を使って自分の署名を残しているが、４万の死者の骨に敬意を表し、独創的で考え抜かれた展示の中に彼らの居場所を用意した後のことだ。このシュヴァルツェンベルク家の紋章は、その名前をもつフランスとボヘミアの貴族を称えたものである。

右：納骨堂は、墓地の骨で埋もれた地下堂の上に立つ。この建物と納骨堂の収容物は、芸術的なインスピレーションをかきたて、数多くの映画や文学作品に使われてきた。建物全体が巨大な「メメント モリ」として機能している。地上では墓と墓標がその秘密を守っている。

RODINA VORÁČ

上と右：納骨堂に並ぶ頭蓋骨の列から空洞の目が見ている。頭蓋骨と2本の骨のモチーフがアーチを飾り、展示台上でバランスをとっている。頭蓋骨と脚の骨を組み合わせることで体全体を象徴的に表し、魂の顕在を暗示している。この組み合わせは、はるか昔に海賊が船の旗に取り入れて、他の船を近くにおびきよせたが、シンボルとして最初に使ったのはテンプル騎士団だ。芸術の世界では、頭蓋骨は魂の容れ物を象徴し、錬金術師たちは化学変化を起こすための容器として使った。キリスト教芸術では、磔刑場面の足元に配されることが多く、人間の限りある生命とアダムを象徴する。アダムはすべての人間を代表してゴルゴタに埋められたとされている。

インド洋、モーリシャス

23. ル モーン ブラバン半島

神はモーリシャス諸島をお手本にして天国をつくったらしい。ターコイズブルーに輝くインド洋・サンゴ礁・ラグーン・砂浜・豊かな緑に囲まれたこの島は、単調な日常からの逃避を願う、疲れきった現代人にとってはまさに天国のごとき理想のリゾート地だ。稀少植物の聖域でもあり、すでに絶滅したドードーという大型鳥が唯一生息した土地でもあった。しかし、この天国に近い島の一部に、残酷な運命から逃れてきた人々が避難していた場所がある。

オランダの植民地時代、モーリシャスにも奴隷制度が持ちこまれ、罪深い奴隷貿易の中継地になった。奴隷になった島民は、砂糖や火薬といったさまざまな必需品をつくるために搾取され、非人道的な扱いで労働を強制された。やがて、島の南西端に隠れ家がつくられ、大陸から逃亡する奴隷たちの避難場所になる。ル モーン ブラバンと呼ばれる半島が海に突き出し、花崗岩と玄武岩の塊が海抜556mの高さにどんと構えている。森・水・洞窟ばかりの孤絶した環境は18～19世紀初め、見晴らしのきく格好の隠れ場所になった。東南アジア・インド・アフリカ大陸からの逃亡奴隷にとって、この聖域を目指す旅は危険と恐怖と困難を伴うものだったに違いない。安全な楽園にたどり着いたとき、想像を超える開放感を与えたに違いないが、ここでの生活も決して楽ではなかった。しかし、やがてこの半島は、奴隷たちの忍耐と苦しみ、また権力者たちによって自由を奪われた無力な人間に

左上と右上：半島は奴隷待遇からの解放を代弁するアイコンになっている。象徴的な地が、きらめくインド洋に囲まれているのはまさに当を得ている。人類史の暗黒時代も、解放の美徳によって浄化されていくようだ。現在はリゾート地となっているものの、この地域の歴史は忘却されることなく、敬意が払われている。

押しつけられる不公正を象徴する土地として認識されるようになった。

逃亡している奴隷にとっては喜びと苦しみが交錯する生活だった。1835年に起きた悲劇は、抑圧されている環境下での誤解から生じた。警察隊が隠れ家に近づいてくるのを目撃した岩場に住む人々は、最悪の事態を予想し、罰を受けて奴隷暮らしに逆戻りするよりも、断崖から海に飛びこむ死を選んでしまったのだ。ところが、彼らの想像に反して、警察隊は自由の身になった知らせを携えてやってきたのだ。その2月1日は、奴隷廃止記念日として島民から祝われているだけでなく、各地から抑圧を逃れてきた人々の過酷な運命と苦難を象徴する地に、国や文化を超えたスピリチュアルな聖地としての地位が与えられた。現在のモーリシャスは多様な宗教が共存する島で、礼拝や儀式の習慣の違いからもそのことがわかる。奴隷制度克服のもうひとつの祝福の事蹟は、聖十字架教会のラヴァル神父（1803－64）の祭壇に花を積み上げるために毎年行われる巡礼だ。フランス人のラヴァル神父は1841年にモーリシャスにやってきて、自由を得た奴隷たちの精神的な支えとなることに生涯を捧げた人物だ。彼は奴隷制度という暗闇にキリスト教の光をかざして、多くの島民たちから愛された。その功績で、今では「黒人のための使徒」として記憶されている。記念日には奴隷制度廃止を祝い、自由のありがたみに感謝が捧げられる。

ギリシア、ティノス島

24. パナギア エヴァンゲリストリア教会

ティノス島は、エーゲ海キクラデス諸島に属する一島。古代ギリシアでは風の神アイオロスがここに住んでいたという言い伝えもあり、島内にはたくさんの風車が回り、上空を舞う風にシグナルを送っている。島の昔の名称はオピウーサで、ギリシア語で蛇と泉を合わせた言葉。多くの村が今でも湧き水のしぶきにあずかっているが、蛇の姿を見かけることはほとんどない。伝承によると、蛇は海神ポセイドンに追い払われたのだという。水を自由に操れる海の神は、土を潤す淡水の流れを操り、肥沃な土地に変えた。こうして島のポセイドン信仰は紀元前4世紀に始まり、彼を奉じる神殿は紀元前3世紀に拡張され、海の精アムピトリーテと一緒にあがめられるようになった。アムピトリーテはポセイドンとの間に3人の子をもうけている。

島にキリスト教が伝えられた時期は不明だが、古代神への忠誠はいつしか薄れてゆき、8世紀にはキリスト教の修道院が存在したと伝えられる。そして少なくとも11世紀には女子修道院が建設されていたことは間違いない。これに先立ち3人の姉妹が、修道院建設という同じ夢を見ていた。1822年、ペラギアという

左：門をくぐり抜けると、パナギア エヴァンゲリストリア教会へ続く階段がある。巡礼者の多くがこの女性のように悔い改めを体現し、這って教会に近づいていく。場所によってはごつごつした敷石の上にカーペットが敷かれ、道がなめらかになっている。

上：地元産出の大理石を使って1824年に建てられた教会は、奇跡のイコンを安置する目的で建造された。内部には蜜蠟を燃やす金色の燭台が数百も灯されている。奉納するのは象徴的な品物、たとえば、子宝に恵まれることを願う赤ん坊のよだれ掛け、けが人の包帯などの形をとることもある。

尼僧の夢に何度も聖母マリアが姿を現し、村人に休耕田に埋まっているイコンを探させるようペラギアに告げた。当初ペラギアはこの夢をただの幻想にすぎないと信じなかったが、どうしても気にかかり司教の元へ行って打ち明けた。司教は別の村人からも同じ夢を見たと聞いていたので、村でのイコン探しが始まった。半年後に実際に掘り出されたイコンには、聖母マリアがひざまずいて祈っている姿が描かれていた。画家と医者の守護聖人である聖ルカの作とみなされた像は、「パナギア エヴァンゲリストリア（よき知らせをもたらす聖母）」と名づけられた。イコンには奇跡の治癒力があるとわかり、聖ルカの恵みとともに、よき知らせは広まっていった。その後、あまりにも珍重されるイコンを安置するための教会が建てられ、ギリシアで最も重要なイコンとして、現在もそこに保管されている。

毎年、島では聖母マリアに関連する３つの祭りが開かれる。１月はイコン発見の記念日、３月は受胎告知の記念日、７月はペラギアの幻視（ヴィジョン）記念日である。こうした祝祭日には、イコンの癒しがとくに強まるとみなされる。アテネからフェリーでティノス島に渡るギリシア正教の巡礼者の多くは、苦行を表現するために、１時間以上もかけて地を這って教会に近づく。この悔い改めの行為で罪を懺悔し、聖母マリアからの恵みを賜る準備を整えるのである。

多くの奇跡の治癒がここで起こったと伝えられ、病気のためにここまで来られない者は親戚に代役を務めてもらう。感謝のしるしに、回復した患者が投げ捨てた包帯や杖を供える伝統があり、癒された者も、単純に気分が高揚した者も、巡礼者は宙を歩いた感覚を記憶して帰っていく。

右：一年で最も巡礼者が多いのは8月 15 日の聖母被昇天祭。この日は、1940 年にギリシア巡洋艦エリが、イタリア潜水艦に沈められた日でもある。巡礼者は教会につくと、イコンをひと目見ようとする人々に混じって、犠牲者を追悼して平和の継続も祈られている。

下：フェリーで島に到着した巡礼者の多くは、教会までの 800m の距離を這って進む。敬虔な信者にとっては、その行為も巡礼の一部となる。

Part 3
路上にて

とある風景との出会いは、旅行中のアクシデントしだいで、美しく喜ばしい経験にもなれば、つらく不満の残る経験にもなる。人生も、旅の計画・実行・完了という転結に凝縮することができる。新しい場所、人との出会いは、世界を理解する機会ともなるし、そこで自分が果たす役割のヒントを得る機会となる。経験は旅の途中で起こるアクシデントに心を開くことで、あるいは神の声や出会った人の言葉に注意深く耳を傾けることで、さらに価値を深めるかもしれない。途中で目にする風景のほとんどは人間によってつくられたか、手を加えられたものだが、人間の力の及ばない自然の力によって形を変えられた場所もある。この人間と神との関係こそ、内なるバランスを得るために必要とするものなのである。

左：三重県の伊勢神宮を訪れると、高床式穀倉の姿を伝える簡素な建物に迎えられる。檜の白木を使った建物は、藁葺き屋根に、黄金であしらった千木と鰹木が神の輝きを象徴する。

旅は、巡礼者がその旅に費やせる時間と、実際に使える交通手段に左右される。いちばん好まれるのは徒歩での巡礼だ。歩くという反復運動・リズムが思考と会話の助けになる。実に多くの人が、仕事・家族・猥雑な問題を頭から追い払うために徒歩を選ぶ。旅の仲間と連れだって歩くときには、もてなしや家庭の事情や、他人の都合にふり回される社会的道徳から自由になり、心を開いて友情を育てるという新しいルールが生まれる。

徒歩での巡礼では、自分と同じペースで歩く人とふれ合う新鮮なきっかけが生まれ、何がしかの事情で歩くペースが落ちても、また違う人と出逢い、交流の幅が広がる。他人と一緒に歩くうえでは微妙な力学が生じ、それぞれが自分の役割を果たすようになる。ゆっくりと歩く人だけが取り残されることはない。いつも誰かが待っていてくれるからだ。大股で歩いていく人は何か重要なものを見過ごすかもしれないが、障害物を排除し、後に続く人々に轍をつくっていく。旅では余計な詮索は不要で、半匿名での付き合いが許される。そして同じ道を共有することで、普段ならば初対面の人とは交わさない深い会話につながっていく。脚の痛み・ねんざ・まめなど肉体的な疲労も、共感といたわりの一助となり、誰もが同じ空の下で、同じ風景の変化、同じ経験を共有していく。

初期の巡礼者は、フラスコに入れた水・靴（地域によっては裸足の場合も）・外套・杖という装備で歩いた。旅団は荷役用に動物を共有することもあったかもしれない。ラクダは重い荷物を載せて、食べ物飲み物もなく一日 30㎞以上の距離を進むことができた。ラバやロバは険しい道をうまく進むことができ、前に進むことだけを知っていた。馬は高価で軍用に使われることが多かった。巡礼者の一行は、野生動物・悪天候・極端な気温の変化・けがの危険にさらされた。船旅には、地上での困難に加えて航海のむずかしさが加わる。しかし、そうしたあらゆる困難をものともせず、聖地への巡礼は繰り返されてきた。危険

を冒し、日常を捨て去ることで、苦しい旅はやがて報われ、心が充足する。遊牧民族や放浪僧にとっては、旅自体がひとつの生き方で、信仰の実践であり日常でもある。現在の巡礼者は、先人の足跡を追うことが楽しみで、場合によってはその存在を感じとることに喜びを見出す。過去の巡礼者との結びつきは、旅の重要なプロセスに、精神的な価値の追求という新たな意味を加える。

イランの「黒の教会（カレ キリサ）」には国内外のアルメニア系キリスト教徒が集まる。イランでのキリスト教信仰はようやく許容されている程度なので、この旅は異なる結束を生む。年に一度限られた時間の集いの中で、文化的な結束を強める必要があり、このときだけは、イスラーム国での日常的な制約から解放されて喜びが増す。極端な気温の変化、空腹、脱水症などで苦しい旅になるため、途上での助け合いは欠かせない。

メキシコのウイチョル族は、巡礼の道すがら、野生の野菜・果物を使って部族の文化を語り、幻覚作用のある植物ペヨーテの力を借りて、実在の本質へ洞察を深める。巡礼者の旅を後押ししてくれる場所も多い。スリパーダの急な山道には軽食が用意された休息場所が点在し、歌や励ましの言葉が気分を高揚させてくれる。ドーチェスターの聖ビリヌスの巡礼路でも、19㎞のルート上の中継地点に飲食物が提供され、礼拝後には食事も供される。そこでは旅の守護聖人である聖クリストファーの古代画が目的地に到達した巡礼者を迎え、加護を与える。親交、飲食の提供、歓迎のしかたは気候・地域文化によって異なるものの、そこに流れる感情は万国共通だ。

左から右へ：パクオウ洞窟（ラオス、ルアンパバーン）、シトー派修道会（イギリス、ウェールズ）、伊勢神宮の内宮・外宮（日本、三重県）、族長たちの墓（ヨルダン川西岸、ヘブロン）。

メキシコ、ナヤリットからウイリクタへ
25. ウイチョル族の巡礼路

メキシコの海岸州ナヤリットから聖地ウイリクタへの800㎞に及ぶ巡礼路は、先住民ウイチョル族の文化的・精神的な遺産の伝達路であり、この道を通ることで祖先の知恵と伝統を守り育て、信仰心を新たにする。巡礼路沿いの自然には祖先の精霊と神々が宿ると考えられている。ウイチョル族にとって霊的世界との関係は相互依存的といえる。神々と精霊を音楽と舞踊でもてなし、代わりに豊かな収穫と健康と保護を受ける。若者たちは年長者から、力強いエネルギーが発する場所をどうやって見つけるか、神々や精霊とどう接していくか、慣習や口承で伝えられてきた祖先の知恵をどう使うかを教わっていく。

土地全体が神殿になっている巡礼路では、旅の途中での精神的充足が、到着後の祝福と同じくらい重視される。ウイチョル族は年間を通じて、道に点在する聖地を何度も訪れるが、部族の結束と魂の再生のために、年に一度の全行程をゆく巡礼は欠かせない。距離と経路が重視されるのは、泉・池・岩・風の精霊が知恵をささやき、個々のメッセージが巡礼の重要な要素になるからである。そこに聞こえてくるのは懲罰的な言葉であるかもしれないし、励ましの言葉かもしれない。どちらにしても、そこにはいつも祖先の威光が示されている。シャーマンは祈り、口づての伝承、独特の儀式などによって、癒しや自然の恵みをもたらすが、それは若者を教育するための手段にも使われる。そのすべてに文化的伝統が織りこまれているからだ。ここには文字に書かれた文化遺産は存在しない。

ウイチョル族は、祖先の知恵が宿るもの――鹿・鷲・狼・土地固有の植物・地理的に多様な風景の価値をよく理解し、敬意を払う。外部の人間には難解に思える崇拝習慣だが、霊的な存在とかかわりながら生きる彼らにとっては、西洋科学、空想の領域での自然に対する解釈のほうが、重要な点を見逃しているように思えることだろう。ウイチョル族の聖

地への巡礼は、部族以外の人々からの協力も得て成し遂げられる。たとえば巡礼路の途中で、家畜を守るフェンスで囲まれている土地があれば、住民は門に鍵をかけず閉鎖しない。

ウイチョル族はもともとウイリクタからやってきた人々で、巡礼は自分たちのルーツへの帰還の象徴だという一説もある。聖地に到着すると、はるか昔からの伝統に従い、幻覚作用を起こすサボテンの一種「ペヨーテ」を口にして、トランス状態で部族の遺産を祝福する。

上：雨ごいをするために洞窟にやってきたマラアカメ（ウィチョル族のシャーマン）と家族。ウイチョル族は土地の擁護を自分たちの義務とみなし、神々と頻繁な接触も果たすべき責任のひとつとしている。

左と右：サカテカス州の巡礼者キャンプで縫い物をするウイチョル族の女性。少年は牛の角笛の吹き方を学んでいる。マラアカメになるための訓練のひとつだ。

スリランカ、ラトナプラ

26. スリパーダ山頂巡礼

この地球上で、聖なる山スリパーダ（アダムス ピーク）ほど、足跡の起源についての意見が分かれる場所はないだろう。仏陀《ブッダ》、アダム、シヴァ、聖トマスといった名だたる聖人たちがこの山を訪れ、アレクサンダー大王、マルコ・ポーロ、多数の有名詩人、聖職者、巡礼者もこの険しい山道を登ったという。スリパーダ山の特徴的な偉容は遠くからでもすぐわかり、山肌はランやシャクナゲの花が豊かに生い茂る森と水流で覆われている。ここがエデンの園と考えられたのも無理はない。

この地で見出された先祖伝来の遺産と、宗派を超えた歓待の精神が、巡礼の長い伝統を培ってきた。14 世紀のローマ法王特使ジョヴァンニ・デイ・マリニョーリは巡礼を繰り返してきた修道士だったが、あるとき長い時間をかけて極東地域をまわった後で、バグダッド・ダマスカス・エルサレムを通って帰路についたときのこと、途中で嵐に見舞われ、スリランカに一時避難する。そこではさらなる災難が待ち構えていたものの、何とかスリパーダへの道を見つけると、仏教僧が彼を温かく迎えてくれた。彼らはお互いに異なる宗教を信仰していたので、旅人はこの仏僧たちの生き方と信仰の深さ、寛大さに神聖なる心を認めた。

現在のスリパーダは、仏教徒・ヒンドゥー教徒・キリスト教徒・イスラム教徒を、宗派の隔てなく受け入れる。訪れる巡礼者の数が増すにつれ、施設は拡張を余儀なくされているが、その寛容さと歓待の精神は変わらない。標高 2,243m の山道はきつく、心臓の弱い人には適さない。山へ登り始める前には、セータ ガングラと呼ばれる冷たい小川で沐浴し、恵みと旅の無事を祈ることが習慣である。小川を越えると勾配はすぐに急になるものの、階段が設けられ、休憩所では飲食物が用意され、ゆっくりとしたペースで登りたい人には椅子も備えられている。インディカトゥ パーナ（針の先）まで登ると、登坂者は木の葉を糸を通した針で刺し、糸が道に沿ってゆっくりとほどけていくのにまかせる。糸巻きの糸が徐々に減っていくのは世俗への執着から解放されることを、先へ伸びる糸は精神を導く信条を表す。

左：5,200 段を登った頂上からは、驚くばかりの風景と、寺院を訪れる高揚感、鐘を鳴らす達成感が待っている。鐘を鳴らせるのは巡礼が2度目以降の者に限られる。山を下りてはじめて巡礼は完了する。

右：アダムス ピークとも呼ばれるスリパーダは、密林の中にすっくとそびえ、この地方の象徴として、かつては航海する船の目印にされていた。香辛料の香りが立ちこめ、宝石鉱山も点在する。この写真は朝靄にかすむスリパーダ山。宗派ごとに、山にまつわる神話があり、その価値に敬意を表するために数多くの巡礼者が訪れる。

この習慣は、仏陀がこの場所で立ち止まって衣のほころびを繕ったことに由来する。巡礼者は頂上まであとどのくらいかを尋ねてはならず、歌を歌いながら、「ご慈悲を授かりますように」を意味する「カルナーヴァ」という言葉を交わす。頂上に到達したら鐘を来訪した数だけ鳴らすが、はじめての巡礼者はまだ旅を半分しか終えていないとみなされ、鳴らすことはできない。家に到着して、はじめて旅は完了するのである。鐘の音に重なるように、祈りや詠唱の声が響き、香の煙が漂う。巡礼者は岩の窪みに残るシヴァ神・仏陀・アダム・聖トマスのものとされる足跡をあがめるために行列するが、これもある意味で永遠の至宝である。

左：日の出を待ちわびる巡礼者たち。聖地で朝日を
迎える格好の場所を確保しようとひしめき合う。
ここで太陽を拝むことが巡礼者にとっては宿望で、
そのために夜半から数時間かけて山道を登る。

中央：スリパーダ山頂の三角の影が、谷の向こうに映し出されている。巡礼者は東の尾根にあるマスケリヤ村か、南西のラトナプラ村を出発点に選ぶ。頂上で日の出を迎えるために夜中に登る人が多い。

右：肩を落としながら頂上にたどり着いた巡礼者。登り始める前にふもとの寺院に立ち寄り、静かに瞑想したのだろうか。巡礼は季節や天候に左右され、安全に登るなら12月から5月が適している。そして満月が季節の始まりと終わりを知らせてくれる。

日本、三重県

27. 伊勢神宮 内宮・外宮

「お伊勢さん」と親しみをこめて呼ばれる伊勢神宮は、神道の精神的な故郷たる総本山で、125の宮社からなる。その中心になるのが内宮・外宮で、太陽の神である天照大御神《あまてらすおおみかみ》と穀物の神である豊受大御神《とようけのおおみかみ》が祀られている。伝説によれば、内宮は20年にわたる巡礼の後に築かれたという。垂仁天皇は、娘の倭姫命《やまとひめのみこと》を天照大御神を祀るのにふさわしい場所を見出す旅に送り出した。天照大御神ははるか昔から皇居で崇拝されてきた神で、天皇家の祖先である。姫は近江から美濃へと旅を続け、伊勢に入ったところで天照大御神の声が聞こえ、山海の恵みに満ちた美しい場所に永遠に住みたいと告げたという。倭姫の旅はこうして終わった。

さっそく女神を祀るための内宮が建設され、その姿を映した八咫鏡《やたのかがみ》が奉られた。明鏡の輝きは信仰、知恵、太陽をも象徴する。外宮では一日に2度、天照大御神に食事を供していた豊受大御神を敬う儀式が執り行われる。内宮と外宮は伊勢の町に6㎞も離れて立つが、2本の参道で結ばれている。外宮を先に参拝してから内宮に向かうのがしきたりで、途中で小さな宮社に立ち寄るのもいい。宮に着いた参拝者はまず口と両手を水で清め、深く二拝した後で、胸の高さで二拍手する。両手を合わせて祈り、最後にもう一拝、深く頭を垂れて離れる。この簡潔な動作が神への尊敬と無心と感謝を表す。

神聖な地はどこでも共通するが、伊勢神宮にも行事や祭事の周期があり、最大の行事が西暦690年から20年ごとに執り行われている式年遷宮である。神宮の正殿を同じ面積の土地にそっくり移す行事で、儀式の品々も一新される。神（自然の力）の住まいである神殿を新しくすることで、清浄さが保たれ、神が活性化されると信じられている。この大規模な建替えには大量の檜《ひのき》材が必要になり、しかも使われる檜は一定の樹齢と高さ、幹回りが必要である。神道は自然を敬う宗教なので、持続可能な森林の再生のために、植樹の儀式が執り行われて、十分な手間と時間をかけて育成される。ここでは森自体が神聖視されている。あわただしい行動は一切なく、近代的かつ便利な技術すら使わない。木の伐採には森の神の許可が必要で、木の先端は根元に戻して中間部分だけを用いる。儀式的な手順を厳粛にこなしていくことで、伝統と技術の伝承を確かなものとする。さらに古式にのっとった作法を将来に伝えることこそ神道の源──その名のとおり「神の道」なのである。

左：神道の儀式は、象徴的な意味を多く含んでいる。静かに祈る神職は、参拝者を迎える準備にまず自分の心を落ち着かせ、魂を清める。参拝者は、最初に手水舎で両手と口を清めて、体全身を清めたこととする。

右：神の清浄さを保つため、20 年ごとに正殿を建て替える式年遷宮が執り行われる。1,300 年間の伝統あるこの行事には大量の檜材が必要になるため、毎春、高位の神職が中心になって 500 本ほどの檜を植える。この木がやがて儀式に従って伐採され宮殿の建築に使われる。儀式に参加する者はすべて伝統的な法被を着て、決められた祝詞を唱えなければならない。木を切り倒す前に神々の許しを請い、行事にかかわる全員、とくに大工たちの安全を祈願する。木材を川で運ぶ行事は「お木曳き」と呼ばれる。

上：神宮へ向かう「苔の道」。神道は自然をあがめる。自然界のあらゆるものに神が宿り、森の中の小路に生える苔や、満月の光にも神が宿っている。満月を観賞する「観月会」なども、自然を敬う行事のひとつ。

上：内宮と外宮を結ぶ参道の途中に、小さい宮社が点在している。参拝者の多くはこれらの宮社に立ち寄りながら、心の準備を整えていく。入口の両側に立つ狛犬には、宮社を守る役目がある。右側の犬は口を開いて「あ」という言葉を発し、左側の犬は「うん」といっている。両方で宇宙の始まりと終わりを表す「阿吽《あうん》」となる。

ラオス、ルアンパバーン

28. パクオウ洞窟

ラオスの文化は、上座部仏教の影響を強く受けている。仏教が伝来する前に実践されていた精霊崇拝を今も忠実に守っているのは人口の40%に満たない。しかし２つの信仰は排他的でなく、一定の融合が見られる。ルアンパバーンの小さな町を訪れるとそれがよくわかり、古代の創造神話を伝承し誇りながら、40の仏教寺院が建てられている。信仰と文化の融合は寺院建築、視覚芸術、宗教儀式にも見てとれる。祈りの鐘があたりの空気を震わすと、寺院から信者たちが通りに姿を表し、メコン川の土手へと歩いていく。4,000㎞の距離を誇るメコン川は６つの国にまたがっているが、内陸部のラオスでは国土の90%がこの川の流域にある。川は交通手段や食料と水を提供するだけでなく、水の精霊を宿し、釣り人を助け、船を守ってきた。

ルアンパバーンを出発し、メコン川の美しい風景の中を船で約２時間進むと、25㎞先にナム ウー（ライスボウルリバー）との合流点がある。近くの水面から高く切り立つ砂岩の絶壁にパクオウ洞窟がある。かつて仏教僧が住み修行していたが、現在は、洞窟に住む精霊や、仏像群を拝むためにやってくる巡礼者の神聖な地になっている。洞窟に到着し、桟橋から10ｍの階段を昇ると、２つの洞窟があり、下方がタムティン。上部の岩が鋸歯のような形状の大きな入口が、川の上にぽっかりと口を開けている。信者と旅人を迎えるのは、大きさも形もまちまちな多数の仏像群だ。石製・角製・樹脂製・木製とさまざまな素材でつくられている。素朴な像・彩色した像・金メッキの仏像群が棚・手すり・床と隙間を埋め尽くす洞窟内は、お香の煙が立ちこ

左：下の洞窟タムティンに並ぶ仏像群。約2,000年前から、人々はこの洞窟に来て祈りを捧げてきた。かつては川の精霊が崇拝対象だったが、ラオスにも仏教が伝わると、古い信仰は捨て去られ、新しい宗教に統合されていった。

下：上の洞窟タムプンから、下のタムティンへと降りてきた仏教僧。ラオスでは僧侶こそが信仰実践の中心で、多くの若者が人間的成熟と結婚準備のために仏門に入る。貧しい家庭の少年たちにとっては教育を受ける重要なチャンスでもあり、修行を延期することもできる。

め、読経の声や祈りの言葉が聞こえてくる。外に戻ろうとすると、洞窟の入口に向かって仏像が黒いシルエットで浮かび上がる。再び階段を昇っていくと、第二のタムプンと呼ばれる洞窟がある。ここへは外光が届かず、ロウソクの灯だけが揺らめき、煙も上がっている。懐中電灯で照らしてのぞきこむと、こちらの洞窟にも仏像がずらりと並んでいて、影が壁に投影される。仏像の顔が弱い光に照らされ、表面がちらちらと輝く。仏陀の教えは身ぶりや手ぶりに意味がこめられる。彫像は装飾品のように見えるが、いちばんの目的は教義を伝えることである。たとえば手の仕草は、説法・瞑想・願いの成就を表している。暗闇では懐中電灯でひとつの仏像を浮かび上がらせると、周囲が見えなくなるので、照らした仏像にだけ意識が集中する。外光が入らないため、洞窟の奥では光源が必要だ。旅人には表面にあるものだけしか見えないが、信者はその中から象徴的な意味を見出そうとする。

下左：敬虔な信徒が、タムティン入口にある仏像の前にひざまずき、供物を捧げる。川を見おろせることが、洞窟の神聖さを深めている。天然の地形を生かしつつ、人工の仏像がひしめく。奥深い地にありながら誰にでも開放され、静けさと輝きが混在する独特の雰囲気に包まれている。

下右：歳月を経て、洞窟には約 4,000 体の仏像が集められた。訪れた信者がロウソク、供花、お香を残していく。仏像の手が示すムドラー（手印）は、説法や教えを象徴する。

上：洞窟へ近づくには川から入るのが最も安全だ。この写真を見ると、職人が、洞窟の入口を威厳ある空間へと演出したことがわかる。また、自然の力への敬意を表してもいる。天井の鋸の歯のような岩は、神聖な洞窟では守り神のように見える。

イングランド、オックスフォードシャー

29. 聖ビリヌス記念巡礼

ドーチェスター オン テムズの聖ピーター＆ポール修道院は、ドーチェスター修道院とも呼ばれる。現在も活発に信徒が集まる、美しく歴史のある教区教会として機能している。毎年夏の巡礼の最後に、聖ビリヌスの参詣にくる人々の目的地である。

イングランドを目指して出帆したイタリア人司教ビリヌスは、ジェノヴァの海岸に聖体拝領用の聖衣を置き忘れたことに気づき、戻ることにした。迷わず船外に出た司教は、嵐で荒れる海面を岸まで歩いていき、聖衣をつかむと再び船へと戻ってきたという。船は海底に錨を下ろしたかのように、その場から動かずに司教を待ち続けた。司教の衣服がまったく濡れていないのを見て、船にいた者たちは驚愕した――明らかにタダの男ではない！

船の旅行者たちが彼の最初の信奉者になった。ビリヌス司教が宣教のためにイングランドへ渡ったのは634年。おそらく法王ホノリウス1世（625 − 638）の助言で気持ちを動かされたのだろう。「イギリスの内陸に信仰の種をまく」ことを目指した彼は、テムズ渓谷周辺の住民があまりに野蛮なことから、足どめをくらう羽目になる。だがそこで、この西サクソン人にキリスト教の布教を決意したという。この地のキュネイルス王は異教徒ながら、ビリヌスの布教活動には寛大で、最初の説教地として古代の埋葬塚チャーン ノブ（バークシャー州ブルーベリー）の使用を認めた。やがてキュネイルス王みずからが改宗を決め、ドーシックの川でビリヌス司教から洗礼を受けた。この土地がドーチェスター オン テムズである。洗礼式の執行は司祭にとっても喜ばしいことだったが、この改宗は異教徒だった王家をキリスト教に改宗させた点で特別な日となる。王の家族も額に聖水を受け、以来この地にキリスト教が浸透していく。王はビリヌスにドーシックを司教区として与え、現在の修道院は彼の聖堂があった場所である。

649年にビリヌスが他界すると、この聖堂は巡礼を目指す地に変わった。遺体はウィンチェスターに移されたものの、今も巡礼は続いている。チャーン ノブを出発地点とする19㎞の巡礼路は、畑や村を通り抜け、史跡で休息をとりながらの道のりだ。出発前に十字架を身につけた先達が、参加者に短い黙祷を促し、道中で助け合うことと目的地の宣言をしてから、一行は出発する。この巡礼はキリスト教以前の聖地もたどって

左：修道院北側にあるクロイスター ガーデンは、その名のとおり、かつて修道院の回廊だった。静かに瞑想するにはぴったりの場所で、中心に十字架がある。毎年の聖ビリヌス記念巡礼を締めくくる祝宴の場所としても使われている。

右：修道院のステンドグラスには、聖ビリヌスによるキュネイルス王の洗礼が描かれている。洗礼はテムズ川との合流点からやや上流のテーム川の土手で執り行われた。現在、修道院が立っている場所からも近い。司教帽と司教杖という姿で聖ビリヌスの地位が表される。

いく。ブライトウェル村にある泉は、サクソン人があがめる月と泉の女神バーサに捧げられたものだ。また、鉄器時代の要塞の丘キャッスルヒルは、リトルウィッテンハム近くにあるが、今も季節ごとに供物が捧げられている。ドーチェスターに近づくとテムズ川とテーム川が合流する地点がある。かつて人々が昇る太陽を拝み、祈りを捧げた恩恵に浴する場所だ。ここイングランドでは巡礼の途次にあっても、紅茶とケーキは欠かせない。ブライトウェルと聖堂前を結ぶ聖ビリヌス ローマカトリック教会は最後の休憩地点にあたるが、ここでは無料で飲食物が提供される。巡礼は宗派を超えたキリスト教徒に許され、英国国教会・ローマンカトリック・ギリシャ正教会などから800人もの信徒が参加する。巡礼者は一緒に歩くだけでなく、ビリヌスの祭壇の周りで揃って礼拝を行う。音楽・祈り・説教の違いからも、教派の多様さがわかる。グレゴリオ聖歌の後にブラスバンドが続くこともあれば、ハレルヤコーラスの歌声が、ひとりの信者の祈りに繋がってゆく。聖ビリヌスのひとつの声による説教が信仰の種をまき、今、花開いている。

ドイツ、オーバーアマンガウ

30. 受難劇

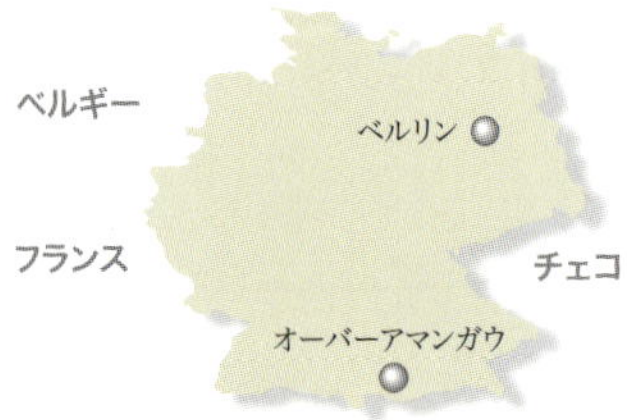

オーバーアマンガウはアルプスの美しい自然に抱かれた町だが、巡礼者を魅了する旅の目的が２つある。町の住民にとって10年に一度ごと催す受難劇がひとつの旅となり、10年に一度の特別な催事へ参加しようとする者にとっても単なる旅が巡礼になる。興味深い逸話によると1633年、ヨーロッパの三十年戦争も半ばにさしかかったころ、ヨーロッパ大陸を襲ったペストから免れるために、バイエルン地方にあるこの村は、外界から隔離・遮断する方針を決めた。しかし、安全な避難場所を求めて流浪していたひとりの若い男がこっそり村に忍びこんだため、村にもついに疫病が広まってしまう。あっという間に人口のほぼ半数が死亡したという。村の指導者たちは神に助けを求め、残

りの村人が救われるならば、キリストの自己犠牲を敬うために、磔刑までの１週間の出来事を再現する受難劇を演じて奉納すると約束した。神を賛美する言葉を叫び、観客を鼓舞することで、揺るぎない信仰の証にしようと。そしてこの受難劇を永遠に続けていくことを村人たちは誓った。すると奇跡のようにペストによる死者はぴたりとやんだという。神が住民の祈りに応えたのだ。今度は村人が約束を厳守しなければならない。

　さっそく、1634 年にペストの犠牲者が埋葬されている墓地で１回目の演劇が上演され、それ以来 10 年ごとに上演は繰り返されている。出演者・音楽家・舞台係・技術担当者など合計約 2,000 人が参加して舞台はつくられる。彼らの真摯な取り組みは「ヘア ディクリー デー」の実施にまで発展した。町からお達しがある日を境に、男性は舞台上演に備えて髪と髭を伸ばし始める。大がかりな演劇の準備には大勢の協力と熱意と技術が必要になるが、そのすべてを支えるのは、神への感謝の気持ちと、芸術こそが人生を変えられるという信念である。受難劇上演の目的は、神と人間を結ぶ神秘と深層を探究することにある。行事の参加者にとって、チームワークと歴史の重みに支えられた信仰心を試す旅ともいえ

前頁：バイエルン地方にあるオーバーアマンガウの受難劇は、1634 年以来、町の宗教行事になっている。この町は宗教をモチーフにした木彫や、伝統的なフレスコ画「ルフトォルマーレライ（風の絵）」が有名だ。聖なる彫刻が置かれている店で見事な作品が見られる。

左：巡礼者が訪ねるもうひとつの地が、オーバーアマンガウに近いエッタル修道院だ。18 世紀初めに栄えた巡礼地で、かつて人里離れた礼拝施設への巡礼は、実に困難な道だった。ここに暮らす修道士には、アルプス山中の孤絶した環境は望ましいものだったが、巡礼者にとっては試練の道のりだった。

る。観客はこの町への旅、劇というイベントに臨席することを巡礼とみなし、多くの信者も聖地を巡りながら町へと向かう。そこで精神を鼓舞し感受性を高めて、由緒ある受難劇で表現される音楽・演技・色彩・観客という複合的要素で信仰を経験するのである。舞台上での演技は礼拝にも等しい。観客の拍手が空気をかき乱すことはなく、写真が撮られることもなく、観客と出演者は神への祈りと献身を共有する。この舞台に立ち会うことが、各人の信仰を確かめる重要な機会になるので、大勢が何年も前からチケットを購入する。6 時間にわたる上演を見守る 5,000 人を超える観客は、みずからを古代のエルサレムでイエスの道行きを見守った群衆と重ね合わせる。演じる側、観る側の双方が、キリストのメッセージをより深く理解することを望んでいる。寄与する側と享受する側が互いに依存しながら、この特異な経験を相乗効果として共有し、育み、学んでいる。

右上：受難劇には住民の老若男女が俳優として参加する。聖人や天使に混じって、十字架の下に子どもたちの姿がある。背景には恵みを施すキリスト像が大きく描かれている。舞台の企画と制作には何年も費やし、住民らが俳優、技術者、大道具係、衣装デザイナーとして参加する。

右下：総勢 2,000 人余りが舞台の制作に参加する。受難劇の伝統は、三十年戦争の間にヨーロッパを襲ったペストから村を守るために神に祈ったことが起源である。

ヨルダン

31. ネボ山

旧約聖書の「イザヤ書」には、ネボ山がかつて聖なる山として崇拝されていたと記され、考古学研究の遺跡からも、古代にここに人が住んでいた形跡が確かめられている。頂上からの眺望はすばらしく、聖書に描かれた土地をはるか地平線まで見渡すことができる。訪れた者はこの地の聖なる歴史を想起せずにはいられない。晴れた日に目を凝らすと、ユダ砂漠・ベツレヘム・エルサレム・橄欖山《かんらんさん》が見える。2000 年にはローマ法王ヨハネ・パウロ２世が聖地巡礼の際にネボ山に立ち寄り、宗派間の融和を祈った。法王は山から「約束の地」を臨み、ユダヤ教徒・イスラム教徒・キリスト教徒すべてのために祈り、真の平和と公正と友愛を得られるよう神に嘆願した。３つの宗教の名前をあげることで、旧約聖書以来の聖典に書き記された神の言葉を信奉するすべての人を抱擁したのである。

これまで無数の信徒がしてきたように、モーセが神から示された「約束の地（カナン）」が見下ろせる場所に、法王も立った。モーセが同胞を率いた長旅の末にこの山にたどり着いたのは、彼が 120 歳のときだったが、まだ体力もあり、視線も鋭かったという。だが約束の地を見渡すのが精いっぱいで、その地へ実際に足を踏み入れることはなかった。自分がこの山上で死を迎えることを知っていたのである。ふもとで彼を待ちわびていた同胞に看取られることもなく、モーセはその一生を終えた。

左：ネボ山頂にある教会は、6－7 世紀に建てられたもので、古代の洗礼堂が現存する。ここの聖水で洗礼を受けた多くの人が、キリストとともに人生を歩む巡礼を始めた。見事なモザイクは今も目にすることができ、ヨルダンで最も優れた作品との呼び声が高い。簡素な外観とは裏腹な、高い芸術性に驚嘆させられる。

下：預言者モーセが目にした「約束の地」を、山頂の同じ場所から一望できる。死海・ヨルダン渓谷・エリコから橄欖《かんらん》山まで。この山はこれまで想像を絶する出来事の数々を目撃してきた。なかにはきっとまだ誰も知らない物語も含まれていることだろう。

上：洗礼堂の床は、６世紀初期の美しいモザイクで、十字の洗礼盤へと続いている。狩猟・牧畜の風景に樹々・草花があしらわれた４部構成をなしており、細部までもが卓越した技術の結晶で、縁どりの装飾も凝っている。

そもそも神に導かれたモーセの長い生涯は、乳児の頃に籠に入れられ、ナイル川に浮かんでいるところを発見されたときに始まる。そのときから民族の指導者として波乱の生涯が運命づけられていた。彼はイスラエル人をエジプトでの奴隷生活から解放し、脱出させ、疫病と危険から救い出す。天から降ってくるマナという不思議なパンと、岩から奇跡のように湧く水が人々の命をつないだ。

指導者としてのモーセの行動力と精神力ゆえに、ユダヤ教徒・キリスト教徒・イスラム教徒・モルモン教徒のすべてが、彼を偉大な預言者としてあがめている。ネボ山への巡礼が重視されるのはそのためだ。預言者の孤独な足跡をたどりつつ山を登り、頂上でその生涯と死を敬いながら、イスラエルの民にとって希望の象徴である聖地を眺望する。目的を

上：質素でおごそかなモーセの記念碑もある。フランシスコ会修道士が建てたもので、モーセが「約束の地」を目にした場所に立っている。「エリコの向かいにあるモアブ領のアバリム山地のネボ山に登り、わたしがイスラエルの人々に所有地として与えるカナンの土地を見渡しなさい」（「申命記」32章49節、新共同訳）

右：山頂には真鍮の蛇の彫刻が立っている。イタリア人作家ジョヴァンニ・ファントーニの作品で、聖書の宗教的シンボルを取り入れ、モーセが砂漠で蛇にかまれた人を救うために掲げた青銅の蛇と、イエスの十字架を組み合わせたもの。現在も薬局や医療機関で医術と癒しのシンボルマークとして使われている「アスクレピオスの杖」に似ている。

果たしたモーセもまた、長い旅路を振り返りながら同じ場に立ち、同じ太陽の下、同じ眺めを共有していたと思うと心が震えてくる。現在では巡礼ツアーで訪れることもできるし、バスや徒歩でも頂上を目指すことができる。標高187 mの山には、モーセ記念教会と531年という年号が入った古代の洗礼堂があり、初期修道院の土台が残っている。それだけではない。聖堂の内部はモザイク模様や絵画で美しく装飾され、外の眺望から隔絶した空間が展開している。心象風景と現実の風景が共存しているかのようである。内なる洞察を得るためには外に目を向け、現実とのバランスを保つ大事さを教えてくれる見事な眺望がそこにある。

モンゴル

32. オボー

モンゴルの三山――1）ボグド ハーン、2）ブルハン ハルドゥン、3）オトゴン テンゲルに神性を最初に見出したのは、13世紀の偉大な支配者チンギス・ハーンである。以来、長きにわたり聖なる山として保護されてきた。チンギス・ハーンは、モンゴル遊牧民に古くから伝わる「テングリ信仰」を奉じ、「永遠の蒼天」と呼ぶ天界をあがめ、自然に深い敬意を払いながら生活した。テングリ信仰では、天・地・祖先の精霊から与えられる豊かな恵みと協調を維持するには尊敬の念を保ちつつ、健全な生活を送らなければならないと考えた。高い志を守るために、個人はみずからの魂「ヒーモリ（風の馬）」を鍛える努力をする。この内なる魂が天と地の関係を敬うことで、精神的な健康がもたらされると考えた。災害や罪がもたらすバランスの崩れは魂を弱め、回復するにはシャーマンの介入が必要になる。それは個人の場合も、自然界全体も同じである。

モンゴル人の約半数は遊牧生活を送り、フェルトで覆われた「ゲル（パオ）」「ユルト」と呼ぶ円形のテントで生活する。ゲルは宇宙の縮図ともいえ、その形は地球を中心にみなした惑星・太陽・月の位置をドーム型の天井で三次元的に表現したものだ。ゲルは宇宙に位置する地球を表すとともに、一年の季節の変化も内包している。ゲルの内部は、この宇宙観に従って、持ち物の配置

右：ウランバートル近くにあるオボー。海抜 1,350m にある高地の都市ウランバートルは、世界で最も寒い内陸の首都である。石を積み重ねてできたオボーは「永遠の蒼天」に捧げられ、木の枝でつくられた門に結びつけられた青い布が天を表す。太陽の回転と同じにオボーの周囲を３度回り、絹か石を供えるのが習慣となっている。

や住人の行動が決められている。南に向く入口から入り、西には天の保護を受けられるように男性の馬具が置かれる。北には祭壇があり、太陽が差しこむ東には台所が配置される。ゲルの中心には炉が置かれ、祖先の導きを表す。いつも清浄に保ち、ごみやくずで汚してはならない。新しい放牧地へと移動し始めるときには、移動式住居であるゲルは折りたたんで、荷物や家畜とともに新しい場所へと移動する。

移動中には、オボーと呼ばれる石と木の塚が、祈祷場所の目印として設けられている。ここでも太陽（天体）の動きに従う習慣は継続しており、太陽と同じ時計回りにオボーを

３度回り、旅の無事を精霊に願う。「永遠の蒼天」を表す青い絹布を残したり、塚に石を重ねたり、供え物をすることも多い。オボーは埋葬の儀式から発展したようだが、現在では祖先への崇拝、祈祷師の活動と結びつけて考えられている。祈祷師はオボーから空へ舞い上がり、秘密の精霊界に入り、知恵と解決策を携えて戻ってくるともいわれる。チンギス・ハーンは大遠征を始める前にブルハン ハルドゥンの頂上にあるオボーで３日間祈り、神からの指針を求めたという。世界征服を前に「永遠の蒼天」に自分を捧げて魂を鍛えることで、精神的な滋養を強靱な肉体の源にしたのである。

左：ツァータン族の狩猟隊がオボーに供え物をしている。トナカイを飼育するツァータン族は氷河期から変わらない文化を保っているが、現在では30－40家族を残すのみになった。自然との共存を重んじる彼らの生活には、祈祷師を交えた儀式がしっかり根づいている。

右上：オボーの上に象徴的な供物が置かれている。自分の願いを伝えるためのものを置くこともあれば、感謝を表す供物を捧げることもある。オボーを３周することは、天体の動きに同調して、自然に溶けこむ振る舞いと考えられている。

右下：モンゴルでの旧正月は、冬の終わりを祝う時期にあたり、「白月」または「ツァガーンサル」と呼ばれる。家族が一緒に過ごし、年長者を敬い、特別なごちそうを楽しむ。この男性はオボーで「永遠の蒼天」にウォッカを捧げている。

ヨルダン川西岸地区、ヘブロン

33. 族長たちの墓

旧約聖書の父祖アブラハムは、神からヘブロンの地に使わされ、マムレの樫の木のもとに住居を定めた。樫の葉が豊かに生い茂る木立に囲まれた空地は、天と地の結びつきを表すにふさわしい場所だったろう。ここにつくられた「族長たちの墓」は、アブラハムを信仰するユダヤ教・キリスト教・イスラム教にとって大きな意味がある。「創世記」によるとアブラハムが土地の一画を買い、そこに妻サラを埋めたと伝えられる。マクペラの洞窟はサラを埋葬しただけではなく、やがてアブラハム自身の墓にもなった。息子イサクと孫のヤコブ、それぞれの妻リベカとレアも後にここへ埋められた。現在は洞窟を取り囲むように祭壇がつくられているが、族長と女家長がアブラハム信仰を確立するうえで果たした役割の大きさゆえに、深い宗教的、歴史的シンボルになっている。

右：「族長たちの墓」は聖書に記されている人物が埋葬されているため、ユダヤ教徒・キリスト教徒・イスラム教徒から等しく神聖視される。聖書にはユダと呼ばれる古代都市ヘブロンの記述があり、ヘロデ大王（紀元前73ー4）の命令で建てられた最初の神殿は、墓を大きな石板で囲っていた。

ユダヤ教徒にとってはつねに巡礼の目的地であり、集まって祈りを捧げる場所として、エルサレム神殿の「嘆きの壁」に次ぐ重要性をもっていた。「族長たちの墓」も「嘆きの壁」もヘロデ大王が紀元前１世紀に建築を命じた。やがて神殿は破壊され、姿を消して久しいが、現在の城壁からも在りし日の姿を思い浮かべることができる。ここも墓の重要さゆえに巡礼者の姿が途絶えることはなかったが、ビザンティン帝国の支配と十字軍によって、キリスト教会へと変貌し、ヘブロンがイスラームの支配下に入ると、今度はモスクと呼ばれるようになり、ユダヤ人は階段の７段目から先へは昇ることが許されなくなった。

墓所は「王の道」「族長の道」「尾根の道」など、さまざまな名前で呼ばれる古代の街道沿いにある。この最も古い道はアブラハム自身が旅する以前から頻繁に利用されていた。メソポタミアとカナンを結び、途中には古代の宗教史の舞台になった多くの土地がある。たとえば、リベカがイサクの嫁に選ばれたのも、この道沿いでの出来事がきっかけだ。アブラハムは信頼している年長の従僕を呼び、自分の生まれ故郷で息子の嫁にふさわしい若い娘を探すよう指示を与えた。神が天使を送り、すべてを取り計らってくださるだろう

左：イスラム教徒が額を床につけて、聖書上の人物に祈りを捧げる。彼らはここを「イブラーヒームモスク」（アブラハムの聖所）と呼ぶ。時代に翻弄され、建物の構造も所有者も代わり、現在は神聖な場所でありながら国際的論争の的になっている。

右上：墓石には装飾が施されている。建物全体が古代考古学にとっても、宗教的、政治的な意味合いにおいても重要である。ユダヤ教では、ここが墓所に選ばれたのは、エデンの園に隣接しているからだという。ここで祈れば配偶者に恵まれるともいわれる。

右下：マクペラとはユダヤによる呼称。この写真ではユダヤ教徒が集まって「仮庵の祭り」を祝い、砂漠で過ごした祖先に敬意を表している。
ユダヤ教徒が来訪できる限られたチャンスでもあり、建物内だけでなく周囲の広場でも特別な音楽が奏でられ、祝宴が繰り広げられる。

ことがアブラハムにはわかっていた。従僕は駱駝《らくだ》のキャラバンを率いて「王の道」をメソポタミアに向かう途中、井戸で立ち止まって水を飲み、静かに神の導きを求めた。その願いは聞き入れられ、神との約束が実現された。リベカという少女が井戸にやってきて、神の言葉どおり、従僕と駱駝に水を差し出したのである。それは、この少女がイサクにふさわしい相手である証しだった。少女はイサクに会うことを承諾し、家族の同意を得て、「王の道」を下僕とともに戻り、ベエル ラハイ ロイの井戸でイサク本人と顔を合わせる。2人はめでたく結婚し、今ではヘブロンの墓で並んで眠っている。

族長たちの墓には毎年30万人の巡礼者が訪れるが、この有名な道をたどりながら聖地へ接近するにつれ、複雑な感情にとらわれる。神に至る道を追求するそれぞれの宗教が墓所の重要性を主張し、国家レベルの惨禍・惨劇が続いているため、墓所へのアクセスが制限されているのである。

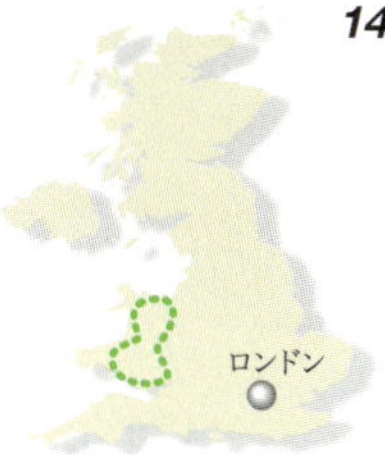

イギリス、ウェールズ

34. シトー会施設巡礼

シトー修道会は、フランスの中東部シトーに1098年に設立された。修道士は質素・無私・清貧を信条とし、他の修道院に見られる華美な装飾や、過度に快適な生活を否定して、産業への従事と精神の清浄のバランスを図った。やがてシトー会はヨーロッパ全土に広まり、1131年にはイギリスのウェールズへと達した。最初に建てられたのがティンターン修道院で、後に少なくとも王国内に15の施設が建てられた。ウェールズは自然環境がシトー会の需要と合致していた。水・樹木・石が豊富で、水はけのよい肥えた土壌で、井戸が湧いていた。修道服の色から「白の修道士」として知られるシトー会修道士は、中世のウェールズに幅広く影響を及ぼした。教義は地方の村へも達し、鍛冶場・採石場・工場などで働くために多くの住民が雇用されている。彼らのネットワークを通じて専門技術が広まってゆき、辺境の町も最新の技術の恩恵を受けることができた。こうして、修道士の流入は彼らの独創性によって農業や工業の発達を促した。

しかし16世紀、修道会の分裂によってこの営みが崩れ、修道会の活動は異なるかたちに変化していった。1998年に、シトー会創立900年を記念して、ウェールズの個人団体が、古代から現代に至るまでのウェールズにあるシトー会全修道院をたどる旅を開始した。高低差のあるウェールズの土地1,000㎞を結ぶルートには、昔からの巡礼路だけでなく、「オッファの防壁」のような古代の土塁なども含まれる。「オッファの防壁」は古代ポーイス王国とマーシア王国の国境に築かれた謎めいた堀と防塁である。鉱山村を通り、自転車用道路に出るかと思えば、緑生い茂る森を通り抜けながら、宗教的、世俗的な歴史が刻まれた土地を、その物語を伝える標識や風景に沿って手探りで進んでいく。必要があれば新しい小道がつくられ、一般の人々があえて冒険しなかった土地へも踏みこむようになった。この巡礼路を進みながら、参加者はシトー会がウェールズの風景に及ぼした影響を認め、修道士が祈った場所で同じく祈りを捧げる。途中ではあまり知られていない聖地へも立ち寄り、奇跡が起こった地、先史時代の洞窟、列石の遺跡のほか、ガムフレストン

左：シスターシャン ウェイは、ウェールズのシトー会全修道院と途中にある神聖な地を訪ね歩く巡礼路。写真のティンターン修道院は、多くの風景画家にインスピレーションを与えてきた。

では古代の聖ローレンス教会の敷地内にある３つの聖なる井戸も訪れる。井戸の水には複数の水脈からもたらされるミネラルが含まれ、生命力と癒しの力の源となる。教会が建てられる以前から聖地としてあがめられていた可能性も高い。

変化に富む自然の風景に満たされた聖なる道は、巡礼の足どりを緩やかにする。水の豊かなウェールズの地を実感しながら、雲の流れがもたらす光と影、やがて感覚が鋭敏になり、祝福の地にいる喜びで高揚する。神が創造した自然の美しさを理解することが、直感を目覚めさせる火花となりうる。

右：実際に修道院として機能していた頃のティンターン修道院は、驚くほど美しく、忙しい労働の場でもあったに違いない。現在訪れても、建築に携わった人々やかつての居住者の篤い信仰心が伝わってくる。巡礼者は次の目的地に向かう前に、現代的かつ快適なもてなしが受けられる。

下：グレート オームの岬に立つ聖タドゥノの教会墓地から、すばらしいアイルランド海が見渡せる。この地方には多くの湧泉があり、巡礼者の渇いたのどを潤してきた。スレッフ洞窟にある井戸は、教会を建てた 16 世紀の修道士タドゥノも使っていたといわれる。

イラン、西アゼルバイジャン

35. 黒の教会（カレ キリサ）

イランの北西部、西アゼルバイジャンのチャルドラン高原に、アルメニア正教会の修道院や礼拝堂の集まる場所がある。この国で出会うには違和感を覚える建造物だが、際立つ外観と、優雅かつ堅牢な建築には威厳がみなぎっている。建造物群のひとつは、イエスの使徒でキリスト教を布教したために殉死した聖タデウスの墓上に建てられたと伝わっており、この半世紀、年に一度行われる礼拝を聴くための巡礼地になっている。

悔い改めと赦しのメッセージを伝えるようにという主イエスの指示に従い、使徒タデウスはアルメニアへ行き、しばらく使徒バルトロメウスと行動をともにした。彼らの布教は実を結び、教えは広まり、キリスト教信仰がアルメニアにも根を下ろした。伝わるところによれば、タデウスは西暦68年頃にイランのこの土地に来て、異教の神殿に代えて最初の修道院を建てたという。14世紀の地震に見舞われた後の再建で黒い火山岩が使われたため、イラン人はここを「黒の教会（カレキリサ）」と呼ぶようになった。

上：礼拝するアルメニア系キリスト教徒。イスラーム国での日常の制約から解放されてリラックスしている。女性たちはこの写真では祈りのために頭を覆っているが、正式な礼拝が終わると、好きな服を着て、普段は認められていない宗教的、文化的に祝福された時間を楽しむことができる。巡礼日にはキリスト教徒だけがこの場に入ることが認められる。

右：「黒の教会」の名は、建材に使われた黒い石に由来する。イランに住むアルメニア系キリスト教徒は、紀元1世紀の伝道者である聖タデウスを祝福するためにここへ集まってくる。

アルメニア系住民から聖タデウス修道院とも呼ばれるこの建造物は、イランで最古のキリスト教建築に数えられる。地震によって構造的なダメージを受け、侵略と抑圧が修道院としての歴史を終わらせたものの、最後の司祭が病に倒れた1948年まで信仰の家としての役割を果たしてきた。現在は年に一度だけしか礼拝が行われないものの、その重要性は修道院のある谷だけにとどまらない。この特別な建物の尊厳は維持していこうと考えた至近の大都市タブリーズの教会権力が、イスラム教国イランに住むアルメニア系キリスト教徒のために、1954年からここへの巡礼を開始した。それが新たな伝統を築き始め、現在ではレバノン、シリアからもアルメニア人巡礼者がやってくる。旅には揺るぎない決意と多大な労力が求められる。修道院は町から遠く離れた高地にあり、道は険しく、常設の宿泊施設も、店も、旅に役立つ設備もない。それでも、数千人の巡礼者がテント暮らしを繰り返しながら、焚火で料理をし、ともに歌い

踊り、礼拝に参加する。この巡礼はキリスト教信仰とタデウスの教えを祝福するだけでなく、アルメニアの伝統と国外生活者の結束を深める目的もある。キリスト教徒だけに修道院の敷地が開放されるのは年にわずか一度しかないため、とりわけイラン当局から強いられる日常の制約を逃れ、リラックスした雰囲気が味わえる。とくに女性は、頭からつま先まで覆い隠すチャドルを脱ぎ捨て、好きな服を着ることができるのだ。祝福が最高潮に達するのは教会での礼拝で、それは信仰に伴う不自由と困難を確かめ合う場でもあり、友愛・宗教的喜び・自由のオアシスともいえよう。聖タデウスは、挫折と絶望の守護聖人で、今もこの地を守り続けている。遠くから眺めると、修道院は風景に沈みこんでいるかに見えるが、近づくにつれ空高くそびえ、人が経験することは見る角度によってずいぶん変わることを教えてくれる。

ペルー、ボリビア

36. チチカカ湖

聖なるチチカカ湖には、多くの神話が眠る。独自の宇宙観をもつ人々が、古くからこの湖へ巡礼にやってきた。湖岸・水・島のすべてが聖なる要素とみなされ、人々の祈りの場になった。長径 190 ㎞、短径 80 ㎞の巨大な湖はボリビアとペルーの国境にまたがり、水深は最大 284 m。湖周は 1,000 ㎞を超え、湖の規模からも、神話的な要素と神秘性に事欠かない。湖岸に無数に設けられた小さな祭壇では、子宝を祈願する者もいれば、ボリビア最大の聖地――湖岸の町コパカバーナのついでにやってくる巡礼者も多い。

ここでは、古代のアイマラ族の宗教と、スペインから持ちこまれたカトリック信仰が融合している。パチャママ（母なる大地）と聖母マリアの役割が、見事に重なり合っている。巡礼の目的は、奇跡の影像「褐色の聖母」を拝むことだ。1576 年、湖を襲ったひどい嵐で釣り船が転覆したとき、漁師たちが助けを求めて祈ると、聖母マリアが現れて安全な場所へ導いたという伝説が残る。男たちは感謝のしるしに聖母マリアを敬う祭壇を建て、彼女の奇跡の力が宿る影像を安置した。それ以来、この像による奇跡が繰り返され、巡礼者たちは聖像を見るために「カンデラリアの聖マリア聖堂」へと集まりだした。ただし、怒りの嵐を呼ぶことを恐れ、祭りの行列には複製の影像が使われ、本物の像は聖堂内に安置されている。

チチカカ湖の水を神聖視するアイマラ族は、この湖を女性性の癒しの源を意味する「ママコタ（母なる湖）」の名で呼び、活力を授か

右：チチカカ湖の水はボリビアとペルー両国の湖岸へと打ち寄せる。湖にまつわる神話は、湖岸と島が重要な役割を果たす。南米最大の湖では、トトラという植物でつくられたボートが日常の交通手段になる。

るために巡礼に訪れる。湖ではヤティティと呼ばれるシャーマンが、呪文を唱えながら薬草とお香で清めを行う。湖に浮かぶ「太陽の島《イスラ デル ソル》」へは、町からボートで渡っていく。インカ帝国初代皇帝マンコ カパックは、この島の神聖な石チチカラから姿を現したという。そのとき、世界を覆っていた暗闇が消え、太陽の住み処である岩が現れた。その地点に神殿が建てられ、後に選ばれた女性たち「ママコナ」のための修道院と、巡礼者のための宿泊所もできた。太陽の島と対をなす「月の島《イスラ デ ラ ルナ》」には、強烈な女性のパワーが備わり、ここにはインカの女神ママ キジャが住むとみなされる。島に残るインカ帝国時代の建造物は西暦1500年頃にスペイン人に滅ぼされる以前のものだが、この地には少なくとも紀元前500年の建物も残り、それほど文明の初期から巡礼や奉納の習慣があったことが考えられる。インカ人はここが古い聖地だったことを承知して、彼ら自身の文化に組みこんでいったのだろう。もうひとつのアマンタニ島は、2つの山から成り、頂上には寺院が建つ。ひとつはパチャママに、もうひとつはパチャタタ（父なる大地）に捧げられている。毎年1月18日に、神々を表敬する巡礼が行われる。地元住民は伝統的な民族衣装を身にまとい、空の領域に建つ寺院へと登っていく。山を下りるときには、コカの葉・穀物・酒を慈愛に満ちた大地に捧げる。

左：「太陽の島」は聖なる島のひとつで、面積も最大。ボリビアの町コパカバーナからほど近く、フェリーで行き来する。写真は古代の祭場だった山の頂上から撮影したもの。創造神話はここを舞台に繰り広げられた。

下：インカ神話によれば、創造神ビラコチャは太陽を王冠としてかぶり、雨の涙を流し、手を振れば雷が鳴り響いたという。水中から現れて世界を誕生させたという創造神は、輝く星を夜空に散りばめ、青空が広がる昼間には、雲と太陽を自由に踊らせた。この遺跡はビラコチャ神に捧げられている。

左：カヤツリグサ科の植物トトラでつくった浮き島の村に、ウロス族が暮らしている。家だけでなく村自体の土台もトトラからできている。チチカカ湖にはこうした島が40以上もあり、トトラが腐りやすいため、頻繁に建て替えられている。

左下：船や家の建造に使われるトトラ。熱湯に浸したトトラの根元は、ヨウ素が豊富な食材でもあり、花はお茶として使われる。茎は患部に巻くと痛みが和らぐ湿布にもなる。

下：チチカカ湖の湖底で、1,500年前のものとおぼしきインカ帝国以前の遺跡群が、考古学の調査団によって発見された。そこへ行くための800mの土手道と、耕作に適した棚田も見つかった。寺院は奥行き200m、幅50mの大きさ。この地域の先住民が使っていた複合建築物と考えられている。

Part 4
内なる心の旅、聖なる世界

神との絆を求める人々は、自分の選んだ宗派が培ってきた伝統に従い、手探りで道を歩んでいく。その探究には祈り、瞑想、思索といった内なる心の旅が含まれる。祈りとは対話であり、求めや環境に応じてかたちが変わる。規律や決められた手順に従った祈りがある。集団での祈りもあれば、個人の祈りもある。言葉に出すこともあれば、黙祷もある。正式な儀式で祈ることもあれば、自然に祈りの言葉が口をついて出ることもある。

左：ジャワ島のプランバナンは、おもにヒンドゥー教の遺跡だが、写真のプラオサン寺院群のように仏教施設も混在している。地元で愛されている寺院群だが、2006年に地震で付近一帯が被害を受け、現在は修復作業が続けられている。

祈りは、決して一律ではない。礼拝は神への賛美と感謝、その栄光を称え、神を地上の善なるすべての起源として認めるものだ。悔い改めとは、赦しを請い、罪から身を遠ざけること。他人のための祈りは、神にとりなしてもらい恵みを求めることで、自身の助けを請うときは嘆願になる。祈り以外にも、黙想とは雑念を追い払い、意識を超越した領域を模索することで気分を高揚させながらみずからを解き放つことで、何らかの祈りのプロセス・祈りの必要性・祈りの対象を思い浮かべながら、ひとつのことをじっくり考えることといえよう。こうした行為はいずれも心と魂を浄化する。目に見えるもの・感じるもの・手にふれるものすべてが心の旅路になる。それを踏み台にして精神的な高みを目指し、光に向かって小さな階段を一歩ずつ上っていく。言葉で表現できないこうした心象風景は、経験を重ねることで言い表すことができるようになる。

実際に肉体を駆使する旅では、風景の変化とともに日々の出来事はどんどんと過去になっていく。しかし、目的地はつねに動くことはない。先へ先へと進むことで目的地までの距離は縮まる。内なる旅では、心にすまう神はいつも変わらずに存在するので、視界を曇らすヴェールは自分の力で払いのけなければならない。

インド南西部のカルナータカ州にある町シュラバナベルゴラでは、ジャイナ教のバーフバリー像から、何が内なる成長の妨げとなるのかを学ぶ。彼は自尊心の強さから、悟りに達することができなかったのである。蔦が体にからまり、蟻が足元に巣をつくるほど長く立ち続けて瞑想し続けたのに、魂は壁を乗り越えることができなかった。障害があることにすら気づかなかったのだ。ようやく開眼して、悟りの境地に達するのは、自尊心の強さに気づかされ、それを振り払えたときのことだ。現在も12年ごとに催される儀式では、巡礼者はバーフバリー像の頭部から聖なる香油をふりかける。その液体が秘める霊力は巡礼者も感じとることができ、香油によって自身の啓蒙を速めることができると信じられている。これほど明確ではないが、霊的な助けを求める習慣はゾロアスター教にも見受けられる。彼らは人間の理解する言葉の概念から離れた難解な秘語で祈りを唱え、神秘の領域へと送り出す。チャクチャクにあるゾロアスター教寺院では、お香の煙が立ちこめ、聖な

る音色が奏でられ、炎が揺らめく中で祈りの言葉が唱えられる。ここでは、炎を創造主アフラ・マズダの象徴とみなすことで、善と悪が永遠の戦いを繰り広げている二元的世界を視覚化している。光は闇に広がるものの、闇は炎を消すことはできない。光と闇の比喩を、火を使って視覚的に表現する方法は、他の宗教でも瞑想の手助けとして使われる。たとえば、キリスト教ではイエスを世界の光としてとらえている。

視覚的なシンボルには無数のスタイルがある。自然界の水・土・風・火を象徴とする要素に満ちあふれている。植物界・動物界にも創造の神秘が及び、美しさや複雑さといった要素の奇跡的な結びつきが、われわれを驚嘆させて畏怖の念を起こさせる。ガラパゴス諸島の物語がその例である。ダーウィンはこの島の生態系に触発されて独自の理論を展開して書物に著した。種の起源と生物の進化にまつわる議論は現在も科学界と宗教界を二分して続いている。

オオカバマダラ（モナルカ蝶）は、3ヵ月かけてメキシコの森まで旅をし、越冬のために助け合う。小さく華奢な体には、生物界の驚異が凝縮されている。生き残るシステム・知恵・エネルギーが集約されているようだ。小さな昆虫――蝶にも、瞑想と祈りを促す格別な輝きがある。超越した世界を理解したいという魂の探究は、曲がりくねった道を行きつ戻りつしながら手探りで進む。待ち受ける幾多の疑問に答えを見出しながら、目を覆う霧を払いのけながら進んでいく。フランスのアミアン大聖堂に迷路をつくった建築家たちは、この内なる探求の困難さを理解していたのである。先史時代の芸術形式に影響された彼らは、内的な苦悩という抽象的な領域から、疑問と混乱というもつれた要素を引っぱり出し、「迷宮」という物理的な領域で表現してみせた。分かれ道のない一本道でありながら、そこを歩む者は何度も向きを変え、行ったり来たりしなければならないが、気がつくと中央の静止地点にたどり着いている。

左から右へ：ガラパゴス諸島（太平洋）、チャクチャク（イラン、ヤズド州）、プランバナンのセウ寺院（ジャワ島）、パインリッジ居留区（米サウスダコタ州）。

インド、カルナータカ州

37. シュラバナベルゴラ

カルナータカ州のこの町は、カンナダ語で「ベルコラ」と呼ばれている。聖なる「白い池」の意味で、おびただしい数のジャイナ教寺院群と巨大なバーフバリー像があり、ジャイナ教巡礼の中心地である。シュラバナベルゴラには大小２つの丘があり、どちらにも９－19世紀に建てられた寺院がひしめき、石板・金属・寺院・柱・露出した岩盤など至るところに、碑文が刻まれている。さまざまな言語が書かれ、あまりにも流麗なため、現地の文字に慣れていない者の目には、気ままに描かれた複雑な模様に見えるかもしれない。

この地域は2,000年以上前から巡礼の到達地だった。かつては森が縦横に広がり、苦行者は簡素な庵に住んで森で採れる食材を糧にしていた。しかし10世紀には寺院建築が始まり、より組織的な巡礼が行われるようになった。982年頃、花崗岩の一枚岩から立ち姿で瞑想しているバーフバリー像（ゴーマテーシュワラ像）が彫り出された。彼の伝説は自我の克服と成長の物語である。ジャイナ教の経典によれば、バーフバリーは初代のティー

ルタンカラであるリシャバの末息子だった。ティールタンカラとは他者を悟りに導く役割を果たしたジャイナ教の祖師である。バーフバリーの兄バラタは弟の富と成功をねたんで、戦争で彼の命を奪おうと考える。しかし、相談役たちが国を滅ぼすことになると警告し、代わりに伝統的武道の試合を3回戦行い決着をつけるよう提案した。最後の対戦になったとき、腕力の強さから名がつけられたバーフバリーには、こぶしの殴り合い勝負なら簡単に兄を倒せるとわかっていた。ところが次の瞬間、自分の行動が父から教えられたアヒンサー（非暴力）の教義に反することに気がついた。結局、王国はバラタに譲り渡すことに決め、自分は修道僧として生きる道を選択する。しかし、このときからバーフバリーの内なる闘いが始まった。新参の修行僧はすでに僧門に入った者に従わなければならない。ところが、バーフバリーは自尊心が強すぎて、へりくだることができず、自己流の瞑想で最高の知識を得ることにした。彼にわからなかったのは、悟りを開く過程では自

左上：巨大なバーフバリー像は天体の軌道に準じて12年に一度、祝福の行事が催される。像の頭の上から、蜂蜜・ココナッツミルク・サフラン・ターメリックの花びら・水を混ぜたものが注がれる。色鮮やかで強い香りのするどろどろの液体が高さ17mの像の全身を流れ落ちる。

上：像の巨大な足がしっかりと地を踏みしめ、左右には彼が立って瞑想し続けたときに足元を覆ったという蔦があしらわれている。この像は978－993年頃に建てられたもので、足元の碑文はカンナダ語・タミル語・マラティ語で刻まれている。

尊心が大きな妨げになるということだった。バーフバリーはあまりにも長く内なる旅を続けたため、蔦が体にからまり、蟻が足元で巣をつくるほどだった。それでも、深い瞑想をいくら続けても、悟りを得ることはなかった。彼の体を心配した姉妹たちがリシャバに相談すると、父は、バーフバリーに必要なのは自分のプライドを克服することだと教えた——象ほどの大きさのエゴを！　このたとえに驚いたバーフバリーは虚栄心を捨て去り、ようやく他者を正しい道に導くにふさわしい、啓蒙を得た者として父に認められた。

左・下：信者が像から流れ落ちる液体をすくいとり、楽しそうに自分の頭にかけ流し、周りの人にまわしている。この液体は魂の浄化を助ける霊薬（エリクシル）とみなされる。サフランとターメリックの色は知恵を高め、魂に滋養を与える。

12年に一度、天体の軌道が吉兆を示す時期に合わせて、巨大なバーフバリー像の頭から聖油を注ぐ活気に満ちた祭りが行われる。1,008の容器に入れられたミルク・蜂蜜・サトウキビの絞り汁・薬草・サフラン・花弁が像の頭に注がれる。流れ落ちてくる液には霊的な活力が宿り、それを足元で受け止める者の内なる旅を助けるという。

右：薬草や香辛料を混ぜた液体が1,008の容器から注がれる。1,008は神聖な数字である。1＋0＋0＋8で9になり、精神の旅は9段階に分けられているためだ。祈りのときに使うマラも同じ理由で108の数珠からできている。

下：祭りの初日、像のある丘へと信者たちが登っていく。巡礼路はできるだけ清めて歓待の気持ちを表し、行事の大切さを強調する。裸足で頂上まで登るのがしきたりだが、写真右側に見られるように、自力で登れない人々を手助けし、椅子に乗せて運ぶこともある。

左：シュラバナベルゴラは「丘の頂上で暮らす修行僧」の意。一枚岩から彫りだした像としては世界最大といわれ、穏やかな表情をしている。

上：香油を注ぐ祝福の儀が効率よく安全に進められるように、足場が築かれている。ひとりひとりがこの貴重な機会に興奮している（いちばん最近のマハマスタカビシェーカ祭は2006年で、次回は2018年まで開かれない）。ジャイナ教の人生の目的はモクシャ――輪廻からの解脱であり、こうした儀式は信者の内なる旅を後押しすることになる。

スリランカ、アヌラーダプラ

38. スリーマハー菩提樹

スリーマハー菩提樹は世界最古の生木で、その樹系は神聖さの極みにある。この樹木は、仏陀《ブッダ》が悟りを開いた場所の菩提樹の分身なのだ。聖なる樹は紀元前３世紀頃にインドのブッダガヤから分け木として運ばれた。それから長い年月あがめられることで、この樹木の尊厳はさらに増した。地上6.5ｍ高さの壇上に植えられ周囲を壁で囲んでいるのは、聖なる樹として祀るためだけでなく、草食の象から守るためでもある。祭壇を中心に町が形成され、ここが宗教と政治の中心になり、侵略によって見捨てられていた時期もあったが、現在は仏教徒の最も重要な巡礼地のひとつになっている。

古い世界各地の伝承からも、樹木には神が宿り、天と地をつなぐかけ橋になっていると信じられてきた。人々は食物や貴重品を供えることで、恩恵を期待してきた。この樹の場合は、格別な、超越的な力が備わると信じられた。原木と悟りをつなぐ縁で、じかにふれる感触を通して強く神聖なエネルギーが伝わると信じられたのだ。スリーマハーではこの菩提樹を保護し、由縁をあがめ、巡礼者に祈りの機会を与えるための日々の、そして一年を通しての儀式があり、総称して「ボディー プージャー」と呼ばれている。日常の樹の保護や習慣的な儀式は、この樹を仏の分身と思って敬う僧侶や信徒によって行われる。参拝者は頭を下げ、供物を捧げ、指定された場所で経文を唱える。通常は三度頭を下げるが、最初の一礼はこの樹が象徴する仏陀に対して、二度目は日常の指針である仏陀からの教え「ダルマ」に対して、最後は仏教徒の共同体である「サンガー」に対してである。拝礼するときには両手を合わせ、頭、口、胸にふれてもよい。それぞれ、意識・言葉・心を顕わにする。供物は感謝のしるしであり、よりよい再生のため、瞑想のため、心の準備を整える。供物は、ロウソク・お香・果物・花などだ。読経によって心と体は落ち着き、思考を集中し、無心となり、到達すべき悟りの境地への道筋になる。

心の平和と結びつくもうひとつの儀式は、悪を追い払うことである。もし誰かが困難に直面したなら、それは星の配置が影響しているからかもしれない。占星術をとおして読み解かれ、一定の数の椰子油の燭台に火をともし、ライスミルク、薬油、サフラン

右：ポヤ デーと呼ばれる満月の夜、経典を学ぶ信徒の影が長く伸びる。特別な日に聖地で学び、精神を高揚させ、理解を深める。背後では別の信者が喧騒や興奮から逃れ、静かに座っている。

水で清めたコインを供えることで鎮められる。祭壇の周囲に結んだ色鮮やかな旗が、祈りを風にはためかせ、お香の煙が天へと昇る。色・香り・音が霊的な力になって参拝する者の心の目を開かせる。

上：菩提樹の周辺に結ばれた祈祷旗が、そよ風が吹くたびに祈りの言葉を空へと送り出す。祈りの意味はシンボル・言葉・マントラによって異なり、旗の色味で表される。色には自然の要素・体の部分・感情・宇宙の音色であるオームと結びついた象徴的意味が含まれる。

右上：満月の夜「ポヤ」には、日常の雑念を払い、精神を集中させるのが伝統になっている。この寺院に集まる信者の姿によく表れている。

右下：菩提樹に花が捧げられることも多い。白い蓮の花は、太陽に顔を向けて水面に浮かぶ姿から、魂の成長を象徴する。蓮の根は泥に沈んでいるものの、水面の花は清らかで美しい。白は純粋さの象徴。

太平洋

39. ガラパゴス諸島

エクアドル西岸から1,000㎞沖に、3つの海流が交差する、地震が多く火山活動の盛んな地帯がある。地殻変動の激しいその海域には、ガラパゴス諸島として有名な楽園がある。今も進化を続ける群島だ。つい最近2008年にもイザベラ島が火山噴火で形を変えたが、最古の島は1,000万年前に形成されたと考えられている。ガラパゴス諸島は19の島と100を超える小島や岩礁から成っている。地理的な孤立と特殊な自然環境が、この地域独特の生態系を育んできた。固有種の鳥類、スペイン語名がこの島の呼び名となった巨大なカメ、

陸イグアナなどの生物が、チャールズ・ダーウィンの自然淘汰理論に大きな影響を与えた。島での発見が彼に生物進化の解釈を促し、ついには当時の科学理論、宗教思想に対して反旗を翻すことになる。

1831年、イギリス人自然科学者ダーウィンは、ビーグル号という船で5年にわたる航海に出発した。ダーウィンから見れば、幸運な冒険旅行だった。南米の地図作成と調査に派遣される探検隊の船長から同行の誘いを受け、途中で立ち寄る土地で生物の見本を集め、地質を調べることになった。航海を続けるにつれ、彼は海からそそり立つ火山岩の断崖に見られる圧縮された白い貝殻の層や、見知らぬ動物の化石に心を奪われる。未知の風景が若者の知的好奇心を刺激し、想像

下：ガラパゴス諸島最大の火山島イザベラ島では、クレーター（地形の凹み）が異様な風景をつくっている。海イグアナ、陸イグアナが戯れ、ガラパゴスペンギンや海亀も生息している。海亀は月の満ち欠けのリズムに合わせて柔らかい砂浜で卵を産む。島ができたのは100万年前とまだ新しく、現在も火山活動が続いている。

力豊かな思考に火をつけた。探検隊がガラパゴス諸島に到達するころには、当時一般に信じられていた科学理論と自然史に疑問を抱くに十分な根拠を集めていた。ダーウィンはチャールズ・ライエルの『地質学原理』を読んで陸塊の移動理論を学びながら、奴隷制の不当さに目を向け、ある人種が別の人種に対して優劣をつける点について否定的な意見を固めていた。旅を続けながら多くのデータを入手し、やがて種の起源についての理解は、当時の科学界、宗教界への挑戦状となるのである。深い探究心と研究の成果が驚異的な数の出版物として結実し、その内容は現在も継続して論争のテーマになっている。創造神話と科学的な進化論との調和を求める多くの人々の内なる旅を刺激してきた。1859 年に刊行された『種の起源』については、現在も一部の宗派が神による創造との矛盾から内容を否定しようとしている。

ガラパゴス諸島の将来を託されている人々は、美しい土地の恩恵にあずかろうと訪れる観光客の期待に応える一方で、産業発展ゆえに避けられない環境破壊の影響を憂慮している。生物進化の縮図といえるガラパゴス諸島の環境は、ここでしか得られない貴重な知識の宝庫である。単なる海洋保護の領域を超えて、内在する意味、バランスと理想について考えさせる。

左上：かつては海賊が住みつき、捕鯨船の中継基地になっていたサンティアゴ島では、はるか昔から人間の暮らしが営まれていた。現在はガラパゴスノスリ（鷹）、ベニタイランチョウ（雀）など貴重な野生生物の研究者に人気がある。輸入されたヤギが繁殖し、生態系のバランスが崩れたために、状況を改善するための対策が講じられている。

右上：よく眠ることから名前がついたカツオドリ。居眠りをしている間に捕らえられることが多い（英語名のブービーは「まぬけ」の意）。ガラパゴス諸島で最もポピュラーなのは足が青い種。コロニーを形成しながら、ほぼ年中繁殖している。

右：バックパックの旅行者が壮大な眺めと美しい動植物を期待して、火山のスロープを登っていく。地理的に孤立しているため、野生生物は人間が近寄ってもまったく恐れない。この独特な親密さが天国のような雰囲気を醸し出し、ここでしか見られない動物とのふれあいが旅行者を喜ばせる。

フランス、アミアン

40. アミアン大聖堂

アミアン大聖堂は、この町が誇る12世紀ゴシック建築の傑作。地上113mの高さの尖塔が空を突き刺し、建物は天に向かって永遠に続くかのように伸びている。聖人像や聖書物語を描いた精緻な彫刻が、イエスの生涯や最後の審判、聖人にまつわる数々の物語を伝え、正面壁と控え壁が彫像の列を開かれた絵本のように支え、あらゆる壁面から詩・演劇・福音・寓話の世界が語りかけてくる。東西の奥行きが145mある大聖堂には、フランスでは最も長い133mの会衆席がある。火災によって大聖堂の記録保管所は焼失してしまったものの、9世紀からある教会は、さらにさかのぼれば4世紀半ばには司教座があり、303年に伝道師のフェルミンがここで殉教したと伝えられている。

建物の正面入口には、アーチ型ファサードに何層も重なった彫像が、書物のページと文字のように並び、見上げる自分の存在が小さく感じられる。堂内に入ると聖堂ならではの空間が広がり、高く伸びる柱とアーチ型天井に目を奪われる。床へと視線を下ろすと、1288年に建築家ルノー・ド・コルモンが造りこんだ迷路がある。1825年に一度破壊されたが70年後に再建され、現在は幾何学模様のタイルの中央におさまっている。頭上の見事な建築にばかり気をとられている見学者には、その上を熱心に歩く人々の姿がなければ見過ごすかもしれない。祖先たちの聖なる森からその姿を借りたかのように立ち並ぶ円柱と同様、この迷路も自然にそのルーツをもち、内なる役割を秘めている。神聖幾何学は自然界に存在する数学的な比率を基にしたものだ。貝殻の渦や松ぼっくりのらせん構造には一定のパターンがあり、いわゆる黄金率に通じている。植物の新芽が太陽の動きを追って成長するように、デザインは宇宙との結びつきを示し、芸術家・建築家が創造主と手をつなぎ、聖なる建築空間に人間の技術の粋を盛りこむことに成功した。迷路をたどる旅人は神聖な領域に踏みこんでいける。道筋は人生の旅を象徴するものでもある。何度も方向転換しながら進む単調なラインが心を落ち着かせ、瞑想を促す。一本道には何のトリックもなく、道をたどる者を戸惑わせない。その代わりに旅人を迷路の中心へ導き、そこで東を向くと、祭壇とエルサレムの方角になる。

大聖堂が建築された時代、エルサレムは天国の象徴とみなされていた。迷路をたどることで、実際に聖地まで行けない人々にも小さな巡礼のチャンスが与えられた。迷路をたどりながら無心になり、帰るときには意識の目覚めが得られると感じる人もいれば、深い祈りに駆り立てられるという人もいる。どちらであっても、再び日常世界に戻ることが新たな旅の始まりとなる。

左：巡礼者は心を躍らせながら迷路を足でなぞっていく。黒と白のパターンは幾何学的で、道をたどることにだけ気持ちが集中していく。写真下の黒いラインからスタートし、太陽と同じ右回りに進むことで、天体の動きと自分を同調させる古代からの暦にも従う。

上：アミアン大聖堂は、見事な彫像と彫刻群で来訪者を迎える。旅の守護聖人＝聖クリストファーの姿もある。以前は彫像に鮮やかな彩色が施されていた。外壁を飾る圧倒的な彫刻群はめまいを覚えさせ、内部の不思議な迷路へと心の準備を促していく。

イラン、ヤズド州

41. チャクチャク

イラン中央部の砂漠地帯、ヤズドの北約 72 ㎞の地に、この国で最も神聖視されるゾロアスター教（拝火教）寺院がある。ピーレ サブズあるいは水の滴る音に由来するチャクチャクの名で呼ばれる聖地は巡礼の地でもある。砕けやすい岩山の上にあって、神秘なる奇跡があった場所としても知られている。アラブの軍隊がイランに攻めこんだとき、古代のゾロアスター信仰と生活様式が脅威にさらされたことがある。652 年、ペルシア皇帝ヤズデギルド３世の娘のひとりニクバノウが、敵の追っ手から逃れるために、砂漠に逃げこんだ。王女が神の保護を祈ると、迫りくる敵の前で山がぱっくりと口を開けて王女の姿を包んで隠し、無事に生き延びることができたという。同時に山から湧き出た涙の水が現在も流れ続け、この地が伝説の場所になった。ゾロアスター教ではそもそも火・太陽・地・水という自然の要素をあがめていた。

やがて、ゾロアスター教寺院を中心に聖域が形成され、内部で守られている燃える炎は 1,000 年以上にわたって消えることなく揺らめき続けている。部屋の壁は白檀《びゃくだん》と乳香《にゅうこう》を燃やした炎から出る煤で黒くなり、闇と光のコントラストが象徴的だ。ゾロアスター教では、火が最高神アフラ・マズダの最も崇高な姿とされ、その命を生み出す霊的活力と公正さを示す。また、宇宙の法則アシャと個人の内なる光、創造の火花を象徴するものでもある。

毎年６月にこの寺院には数千人の信者が集まり、ともに礼拝し、友情を分かち合う。巡礼者は寺院の姿が目に入るところへ到着すると、最後の行程は裸足で進むのが伝統になっている。周辺は岩ばかりの乾燥した不毛な土地が広がる。平原から細いジグザグの山道を登り、急傾斜の階段を上り終えると、ゾロアスター教寺院の真鍮のドアが待ち受ける。内部に入ると神聖な音楽が流れ、香煙が漂い、いつも水の流れ落ちる音が聞こえる。巡礼者

の五感を刺激する要素が混在し、霊魂が宿る超自然的な存在を受け入れる準備を整えさせる。火が燃える祭壇の周囲には控えの間があり、そのひとつには50 mの深さの井戸がある。ロープが水に浸され、巡礼者は祈りの言葉を唱えながら紐を結びつけることで、山の聖なる水の流れと直接結びつくことができる。

紐はスドラ プシと呼ばれる成人儀式でも象徴的に使われる。この儀式では、スドラと呼ぶ真っ白な麻の祭儀服を着た子どもたちに向かって祈祷が唱えられる。スドラのポケットには、毎日のよい考え、よい言葉、よいふるまいを詰めていく。その後、スドラの上からクスティと呼ばれる羊毛の帯を巻きつけて結ぶ。それによって、子どもがゾロアスターの教えと結びつけられたことを表す。

正式な礼拝とは異なり、祭りはにぎやかに祝われる。このときだけはイスラームの国での日常の制約から解き放たれ、ワインが振る舞われ、女性たちはヴェールを脱ぎ捨てる。この行事はゾロアスターの伝統を祝福する真の機会となり、信仰の炎を燃え上がらせる。

右：寺院入口の真鍮のドアには、ゾロアスター（ツァラトゥストラ）の像が彫られている。この宗教に名を貸した古代のイランの預言者だ。最後の審判、天国と地獄の概念を最初に説いたのがゾロアスターだった。

左下：寺院では、個人礼拝と集団礼拝のための時間がある。紀元前6世紀にさかのぼるゾロアスター教は、世界最古の一神教と見なされている。

右下：寺院の祭壇では、礼拝者が毎日5回祈りを唱え、聖典を読みあげる。白檀と乳香を燃やし続け、炎は神に祝福された人々の魂を照らす。

インドネシア、ジャワ島

42. プランバナン寺院

ロロ ジョングランとも呼ばれるプランバナン寺院は、ヒンドゥーの三神――ブラフマー、ヴィシュヌ、シヴァに捧げられた3つの神殿を中心にした寺院群である。トリムルティ（三神一体）と呼ばれるヒンドゥーの教義では、ブラフマーは創造の情熱、ヴィシュヌはバランスを維持する高潔さ、シヴァは破壊の炎を体現している。寺院は神への情熱をもって建設され、精巧な装飾技術をもって神話が生き生きと表現されている。そして、基礎を揺るがす破壊の力―― 最近2006年の地震に遭遇しながらも、それらの大いなるバランスを保っている。

10世紀に建てられた寺院群は周囲の庭園から高さ47mの場所にそびえ、それらは彼らが生み出した神話や崇拝する神々を称えているかのようである。主だった神殿は四方形の高い基壇の上にあり、周囲の壁には東西南北という四方に四角い門がある。ブラフマー、ヴィシュヌ、シヴァの神殿は昇る太陽の方角を向き、それぞれがやや小さなヴァハナ（ヒンドゥー教の神話的動物）と対になっている。ヴァハナはそれぞれの神の乗り物として描かれている。

寺院群を目にして最初に感じるのは、規模の大きさと厳かさから生まれる畏敬の念だ。自信をみなぎらせ、孤高を誇る構造物は、異次元の幻想のように見える。大きな建築物を訪ねたときには、いつもある程度はこうした感覚を覚えるが、その第一印象は徐々に薄れ、

間近で細部を観察するにつれ、細部こそ、この大がかりな建造物を特別にしていることがわかってくる。

最も大きなシヴァ堂には、四方に出入口がある点が他と異なる。そこから内部に入ると、目をみはらんばかりの彫像が並ぶ小部屋があるが、地震以来、自由に見学できない場所ができてしまった。外壁はサンスクリット語の叙事詩『ラーマーヤナ』の物語を伝える魅力的な彫刻が表面を飾っている。優れた職人技と建築スタイル、語りかけの巧みさ、時代を超えて伝えられる物語の寓意性に心を奪われる。細部にまで施された写実的かつ豊かな表現は見事である。装飾要素すべてが建物全体の構造と融合して、そこにいるだけで神秘を感じさせる。この寺院群は魔法をあやつって建てられたという伝説がある。その昔、巨人の王ラトゥ・ボコ（死の王）には、ロロ・ジョングランという娘がいた。ハンサムなバンドゥン・バンダワサに求婚されるが、王女は彼の妻になりたがらず、バンダワサを遠ざける計画を練る。王女は、もし彼が「次の夜明けまでに1,000の寺院を建てることができれば、花嫁になりましょう」と約束した。ロロ・ジョングランの知らないうちに、バンダワサは超人的な力の精霊に助けを求めて、たちまちのうちに寺院を並べ建てた。その数が999になったとき、王女は彼の計画を再び妨げる必要に迫られる。そこで使用人らに命令し、朝の日課の炊事を早めて、にぎやかな音を出させたのだ。それにつられて雄鶏が鳴き声を上げると、精霊は夜明けが迫っていると勘違いして、逃げ出してしまう。事の次第に気づいたバンドゥン・バンダワサは怒りにかられ、ロロ・ジョングランに呪いをかけた。王女は石に姿を変えられてしまい、今もシヴァ堂の中に立ち尽くしている。この伝説を知らない旅行者は、その像を暗闇の女神でシヴァ神の妻ドゥルガだと思うかもしれない。ドゥルガの神殿はここではロロ・ジョングランと結びつけて、「すらりとした乙女の寺院」とも呼ばれている。

前頁左：寺院の壁には『ラーマーヤナ』の物語や、神々の生活に関連する美しいレリーフが施されている。写真は数珠を手に深い瞑想にふける像。10 世紀につくられているが、彫刻技術の高さが、細部の表現からよくわかる。

前頁右：シヴァ、ヴィシュヌ、ブラフマーの三神は、ここであがめられているヒンドゥー教の神々だ。プランバナンには仏教のセウ寺院もある。建築様式で簡単に判別できる。仏教寺院は丸みを帯びているからだ。はっきりしないのは、寺院群が建設される間に両宗派の関係がどのように発展したかということ。

左：細長いピラミッド型の見事な建物が空へ伸びている。山がそびえているようでもあるし、研磨された宝石のようにも見える。建築過程を想像してみると、全体の設計を生んだ発想力と、現実の形に仕上げた労力、そして、崇拝に値する意匠にした技術の高さに驚かされる。

右：2006 年、この地域を襲ったマグニチュード 6.4 の地震は、寺院に大きな被害をもたらした。ブラフマー神殿も基礎部分が大きく揺さぶられた。修復作業が続いているものの、構造的なダメージのあった場所の近くは立ち入りが制限されている。

BRAHMA

ポルトガル

43. ファティマ

5－10月にかけて、毎年ファティマの町には大挙して巡礼者が訪れる。1917年に聖母マリアの出現に遭遇した3人の羊飼いの子どもの経験を共有したいという願いからだ。それから半年の間、毎月13日に、ルシアとフランシスコとジャシンタの3人の前に「ロザリオの聖母」と名乗る女性が姿を現した。しかも、3人は聖母の姿をただ目撃しただけではない。言葉を交わし、お告げさえ授かっている。すべてはファティマの町から少し離れたコーヴァ ダ イリアで起こった。聖母は子どもたちに、ロザリオを個人の幸福と世界平和の道具として使うように何度も繰り返した。ロザリオは祈りのときに用いる数珠状の道具で、瞑想をとおして祈りを深めるために役立てる。それぞれの珠に順番にふれていくが、環の中の位置と大きさによって特別な祈りが決められている。聖母のメッセージは、第一次世界大戦中だった時代に、深く共感を呼ぶものだった。

同年の10月13日は、聖母が姿を現した最後の日だった。ジャーナリストや敬虔な信者、懐疑的な野次馬を含め、7万人が集まった。誰もがまた不思議な出来事の再現を期待し、その癒しにふれたいとも願っていた。天候は悪く、真っ暗な空から土砂降りの雨が降り注いでいたが、突然、雲を突き破るように太陽が姿を現し、信じられないほどの輝きを見せた。その場にいた人々は、太陽の円盤が虹色に変化する光の渦となり、その光線にふれるものすべてを同じように輝かせたと語る。その後、空は再び暗くなり、数分後にまた太陽が現れて地上を照らしたときには、いつもどおりの位置と姿に戻っていた。それまで子どもたちの話を疑っていたジャーナリストのひとりは、この現象が真実であると報じたが、同行していたカメラマンは目撃者の驚いた顔以外には何もとらえることができなかった。他にも記事を裏づける発言をする者が続き、その中には子どもたちの話を信じる人々を「お人よしの連中」と嘲笑っていた者も含まれていた。村からだいぶ離れた場所でも同じ時間に同じ現象を見たと話す目撃者が現れ、こうして、集団ヒステリー説は否定されることになった。

やがて聖母マリアが出現した場所を記念するカトリック礼拝堂が建てられたものの、1922年に反キリスト活動家によってダイナマイトで破壊される。ただ運がよかったのか、

左：キャンドルを手にした何千人もの巡礼者が、ファティマの聖母像を取り囲む。このキャンドルライトの行列は伝統的にファティマの聖域で行われる。

右上：3人の子どもたちが最初に聖母マリアの姿を見た1917年から、90周年目を祝う行列でのマリア像。

右下：ファティマの聖母聖堂は、子どもが光臨を見たという場所に建てられた。その姿は太陽よりもまぶしかったという。中央の高さ65mの塔の建設は1928年に着手した。

神のお導きか、子どもたちの証言をもとにつくられた聖母像は、そのとき内部に安置されておらず難を逃れた。現在も祭壇に安置されているこの「ファティマの聖母像」を目指して、毎年400万人がこの地を訪れる。世界中から集まる巡礼者は月の12日に到着して、一連の礼拝とキャンドル行列に参加する。この国際ロザリオの活動は、巡礼者の言葉を個人の瞑想という範囲だけにとどめずに、国籍も異なる人々の親交へと広げていく。そこで神を信じる人々には言語の違いを超えた結びつきが生まれ、やがては神と結びつくのである。

アメリカ合衆国、サウスダコタ州

44. パインリッジ居留地

サウスダコタ州にあるオグララ スー族の居留地パインリッジは、冬は寒く、夏は暑い、気温差が極端な土地だ。ここでは火災・洪水・竜巻もめずらしくない。8,000 ㎢の荒野の日常生活はつねに天候に左右され、冬季は移動すら制限される。住民は自分たちの力だけが頼りで、文化的な独自性と自給自足の生活を維持するために懸命に働いている。その精神性は、万物創造への畏敬の念、およびワカンタンカとも呼ばれる「大いなる精霊《グレートスピリット》」からの贈り物への感謝の念と密接に結びついているのだ。

オグララ スー族の信仰には象徴と儀礼がふんだんに取り入れられている。自然を敬いながら、成人の通過儀礼を重視する。その儀式ヴィジョンクエストは、「ヴィションを求める雄叫び」または「哀歌」とも呼ばれ、すべての創造物と魂の旅を通して絆を結んでいく。誰にでも行うことができるものの、多くは人生の方向性を模索する若い男性だ。あるいは誰かの癒しを願うため、恵みに感謝するため、単に自然との一体化を願って旅に出ることもある。ヴィジョンの探究者は、手助けをしてくれるシャーマンに渡すための葉を詰めたパイプを持っていく。パイプには深い象徴的な意味があり、煙をふかすことで宇宙とつながりを結べると信じている。シャーマンは万物に宿る精霊と祖先の霊魂を呼び覚まし、パイプを6つの方向——東西南北と天地に捧げる。これを終えるとイニピと呼ばれる発汗小屋《スウェット ロッジ》が建てられ、霊界との接触、グレートスピリットの恵みに浴する浄化儀式が行われる。小屋の中では熱した石に水をかけて温め、セージの葉茎とシダーウッドの樹脂を燻蒸する中、祭礼の供物と神聖な土で浄化を働きかけるために、シャーマンが祈りを唱える。パイプはその後封印され、彼はグレートスピリットに向かって叫び、山へと登っていく。それから数日間は、東西南北の四方と中心を歩き続ける。そこで刻まれた十字の足跡が、つねに力の源泉である中央のグレートスピリットのもとへと戻ることを意味する。

彼は祈りながら歩き、つねにグレートスピリットから使者の到来を神経を研ぎ澄まして待ち受ける。使者はさまざまな生き物の姿を借りて現れるからだ。儀式中は食べ物も飲み物も口にしてはならない。夢は待ち焦がれていたヴィジョンをもたらすことがあるため、眠ることは許される。幻視の探究が終わるのは、シャーマンとその助手がやってきて一緒に山を下りるとき。一行はイニピへと戻り、さらに儀式は続く。ヴィジョンの探求者は自分の経験と新たな理解を報告し、シャーマンは神への感謝を捧げる。イニピの暗闇から外に出ることは、グレートスピリットの世界に加わった象徴となる。扉は、知恵の光がさす東の方角に向かっている。

左：松《パイン》の森林がとぎれて、むきだしになった石切り場が見える。目を凝らすと、人間の顔が現れる。まだ制作中の作品は、19 世紀のオグララ スー族酋長クレージー ホースを記念したもの。彼は自分たちの生活様式と伝統を守るため、合衆国政府と闘いを続けた。

上：サウスダコタ州ブラックヒルズのクレージー ホースの記念碑。青い空を背景にした誇らしげな横顔は、崇拝される指導者にふさわしい。ヘンリー・スタンディング・ベア酋長からの依頼で、米国人彫刻家コルチャック・ジオルコフスキーが 1948 年に制作を始めた。居留地は自然の美しさで有名で、松林・草原・砂漠もある。

上：ヴィジョンクエストには、自然の実在と人の手でつくられたものの双方に大きな意味が含まれる。鷲の翼と、バッファローの頭蓋骨が象徴するのは以下のとおり——鷲（ワンブリ ガレシカ）はどの生物よりも高く飛び、すべてを見渡す存在として敬われ、翼の羽毛は太陽の光線を表す。バッファロー（タタンカ）は多くの必需品を提供してくれる宇宙を象徴している。

上：オグララ スー族のシャーマンとして有名なブラック・エルクによれば、朝日が世界を照らすとき、グレートスピリットの寛大な恵みと啓蒙を受けるのだという。ヴィジョンの探求は、心の目をとおした聖なる旅となる。この女性は両手を神の愛へと向けて、一日を迎えている。

右：ブラックヒルズ川は地形に沿って曲がりながら流れる。母なる大地は生命をもつすべてのものを生み出し、大地にはその成長を可能にする祖母の力も宿る。

カナダ、オンタリオ州

45. ピーターボロ ペトログリフス

オンタリオ州ピーターボロの北東に位置する20㎢の州立公園は、岩に刻まれた古代彫刻で有名だ。正確な年代と誰によって刻まれたかは意見が分かれる。最も古く見積もると紀元前4000年代作で、ヨーロッパ大陸からの影響とみなされている。一般に受け入れられている見解は、約1,000年前にカナダの先住民ファースト ネーションズによって刻まれたという説である。

この岩絵からは先住民の霊魂に対する認識と、秘儀をとおして探求したグレートスピリットとの関係が洞察できる。周囲の森林・湖・沼地にはその原点がある。その風景は人類が最初にこの地に足を踏み入れて以来、想像力と内なる思考を刺激してきたに違いない。地元の先住民から「教えの岩《キノマゲワプコン》」と呼ばれる神秘の岩絵は、結晶質の分厚い大理石に刻まれている。万民の所有地であるこの地の、透き通った平らな岩面が、あらゆる人々の芸術への創造力をかきたてる。表面に何かの目印を残したいという誘惑には抗いがたい。古代芸術ではしばしば独特の空間認識から絵が描かれるものだ。天界・地上・冥界を示すのが一般的だが、ここではそうした階層はなく、空中・陸上・海の生物が、細長い人間のように見える最初の生物と交じり合い、すべてが同じ次元で暮らしており、上下の位置関係も定かではない。

900ほどの岩絵は、一見すると無造作に配置されているが、実は一定の法則に従っているらしい。世界中どこでも、いつの時代も、岩絵が描かれるのは活力が放出される場所、あるいは異次元と結びつく場所である。泉・洞窟・山頂・滝の近くが多く選ばれ、こうした場所は古くから礼拝や儀式に使われてきた。ここでの岩絵は、窪み・割れ目・溝の周辺

に図像が描かれているが、平たく厚い岩には人々が畏敬の念を抱くもうひとつの不思議な力がある。特定の時間になると、人間の声に似た音が岩から生じて、歌ったりおしゃべりしたりするのである。地下水の水面が高くなったときに、水がゴボゴボ湧き上がる音だ。場所によっては5mもの深さがある割れ目から聞こえてくる。

先住民は、断崖・岩場・洞窟などには精霊が住むと長く信じてきた。シャーマンが精霊と交信する役目を担い、聖なる領域への理解を深め、彼らから学んでいく。教えの岩もシャーマンの洞察力を導き、伝統的なヴィジョンクエストに重要な役割を果たしてきたのだろう。不滅のグレートスピリットと、この世に恵みを与える大地の象徴として、岩そのものが神聖視されている。現在は正式な儀式は行われていないが、ファースト ネーションズ部族の末裔からは、不変の聖地とみなされている。行楽や、文化への好奇心から訪れる人々もいるが、巡礼者として岩のそばで感じるグレートスピリットと、その再生力をあがめるためにやってくる人々も多い。

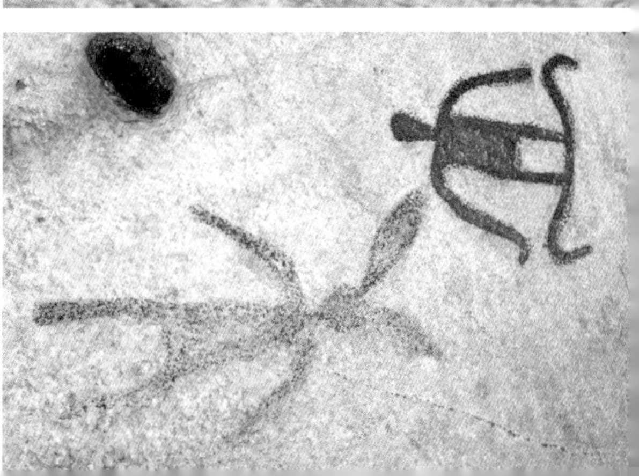

左：ペトログリフス州立公園の美しい森林地帯に、「教えの岩」と呼ばれる大理石に刻みこまれた魅力的な岩絵が現れる。この世の存在と別の世界の存在が混在し、シャーマンしか近づくことのできない霊魂の領域が描かれている。

右上と右下：岩絵が刻まれているのは、岩の表面と特徴ある部分、とくに岩が「歌う」場所に集中している。しかし、上下の位置関係はあいまいで、遠近法に従うこともなく、どちらかといえば岩の表面に八方広がっているようだ。おそらく地上を見下ろすグレートスピリットの領域から、さまざまな角度から読めるように意図されているのだろう。

ネパール

46. ルンビニ

インドの多くの宗派が儀式で用いるサンスクリット語では、ルンビニは「美しいもの」を意味する。インドとの国境に近いネパールのカピラヴァストゥの町にあるルンビニは、仏陀《ブッダ》の生誕地としてあがめられている。仏陀が遠く離れた土地《ブッダガヤ》で、誕生日に芽を出した菩提樹の下で悟りを開いたことは有名だが、彼が実際に生まれたのも１本の樹の下だったことはそれほど知られていない。紀元前623年、仏陀の母マーヤー王妃は、陣痛が始まると林の中に分け入り、右手で沙羅双樹の枝をつかむと、赤ん坊のシッダールタが彼女の右脇腹から誕生した。伝説によれば、その場で立ち上がり、七歩進んで「天上天下唯我独尊」と告げると、右手で天を指し、左手で大地を指した。その足跡のひとつひとつに蓮の花が咲いたという。

この驚くべき伝説は、聖なる旅物語としてとらえることもできる。将来を運命づけられた赤ん坊が、転生のサイクルに従って生まれ変わったのだと宣言する。そして、この新しい一生を最後に輪廻から解脱し、涅槃《ねはん》の境地へ到達することをみずから予言している。七歩という数と蓮の花にも象徴的な意味が含まれている。七歩とは、東西南北の四方、天と地、そして自分が立っている現在の場所を表す。蓮の花は精神の清浄さのシンボルで、「八正道」に則した仏陀の指導力を表す。これは仏教徒がつねに追求している道である。八つの規律は信者を正しい道へと導き、道徳的指針を与えてくれる。巡礼者はルンビニの聖なる庭園

左上：ルンビニは仏陀生誕の地。シッダールタと名づけられた王子は満月の日、林の中で母の右脇腹から産まれた。それ以来、仏陀に身を捧げる人々が集まる場所として重視され、現在も、仏陀を敬う巡礼者が目指す重要な遺跡になっている。

上：マーヤー王妃はシッダールタ王子を出産する前に、この池で沐浴したと伝えられる。シッダールタ自身が最初に沐浴した場所もここと信じられている。現在、この遺跡は修道僧と尼僧によって管理され、訪れた巡礼者の案内役をも務めている。説法と読経、自給自足的な生活様式を通して、敬虔な信者たちを思いやりに満ちた穏やかな生活へと導く。

にやってきて、仏陀生誕地の神聖な雰囲気に浸り、仏母のマーヤー デヴィ寺院に参拝する。マーヤー王妃が出産前に沐浴し、生まれたばかりのシッダールタの体を浸したプスカリニ池のほとりで瞑想することもできる。

ここには「アショーカ王の柱」もある。布教に努めたアショーカ王（紀元前 304－232）が各地に記念塔として建てたひとつだ。かつて戦争に明け暮れた王はみずからが率いる戦いでたくさんの命を犠牲にしたことを恥じ、仏教に改宗して熱心に信仰した。そこへ多くの信奉者が続いたのだ。彼は先例どおりにただ国を治めることに満足せず、仏教の教えに従った統治を目指し、はるかかなたの国へも使節団を派遣した。みずからも改宗を呼びかける旅をして、「アショーカ王の柱」と呼ばれる布告を記した柱を建てて、仏陀の哲学を誰もが学べるようにした。

しかし、ルンビニにまつわる旅で最も重視されるのは、壁の内側でひっそりと行う旅だろう。ここには古代の記念碑だけでなく、上座部仏教や大乗仏教などすべての宗派の国際的な僧院区がある。研究施設・講堂・図書館もあり、仏教の探究・学習・理解への長期的な取り組みを図ることができる。正しい精進、正しい思念、正しい瞑想（八正道の中の三要素）を忘れずに学ぶ者は、確かな信仰の見取り図を得て、この土地を去ることができるのである。

メキシコ、ミチョアカン州

47. モナルカ 蝶保護区

毎年冬になると、無数のモナルカ蝶（オオカバマダラ *danaus plexippus*）がメキシコシティの北 100 ㎞の火山帯の森を目指す。モナルカ蝶保護区に指定されている森林地帯で、蝶は樅の一種オヤメル *Abies religios* の木々に密集して冬を過ごす。群れは数百万匹にものぼる。オレンジと濃茶の羽に白い斑点のある無数の蝶が空を覆う様子は、ステンドグラスが空を飛んでいるかのようだ。一匹、また一匹と枝に貼りつき、やがて隙間なく枝を覆う。蝶は弱々しく、信じられないほど軽く華奢だが、冬の寒さをしのぐために密集して一塊になると、その重さは枝をたわませるほどになる。短命な昆虫は、はるか遠くカナダ東部から 3,200 ㎞の距離を８ヵ月かけて飛来し、春がくると再び北へ戻っていく。

上：メキシコシティ北部のモナルカ蝶保護区の森で、越冬し、生き残るために隙間なく群集するモナルカ蝶。気温は零下 18 度にまで下がるが、群棲することで生きながらえ、春になるとまた北へ帰っていく。

右：モナルカ蝶が発達させたもうひとつの防御システムは、捕食動物にとって有毒成分を含むトウワタという植物を食べること。鮮やかな色と模様は、捕食動物を寄せつけない危険信号になる。繊細で美しく、華麗な蝶と見られているが、この厳しいライフスタイルは忍耐力を物語っている。さらに、蝶には人知を超えたナビゲーションシステムが備わっている。

小さなからだにはこの大冒険のための方向感覚と潜在する知恵が備わっている。飛翔コースをどのように決めているかは、まだわからない。太陽コンパスを使っているのか、それとも磁場なのか、未知の不思議な力を駆使しているのか、蝶たちはその秘密をまだ明かしてはくれない。それがモナルカ蝶を創造主の力の象徴に仕立てている。人には計り知れないナビゲーションシステムを搭載し、想像もつかない本能に導かれて移動し、人には計り知れない価値を有している。もっとも、人間とてこの蝶の価値を十分に認めているが、蝶の目的意識と忍耐力、威厳と気高さ、厳しい冬を生き残る協調性は、まさに奇跡と呼ぶにふさわしい。われわれに畏敬の念を起こさせ、驚嘆するほどの自然界の深遠さの理解へと誘ってくれる。蝶は深い含意をもつ昆虫だ。卵、毛虫、さなぎの段階を経て、最後に色鮮やかな羽を開いて華麗にはばたく姿は、生・

死・復活・輪廻・解放・誕生を象徴する。

それにしても、この蝶が冬を過ごす場所にメキシコを選ぶのはなぜだろう？　蝶の好む樹は2,400－3,600mの高地にしか生育せず、その分布は限られている。現代の農業・宅地開発・森林伐採が生態系に影響を与えるので、モナルカ蝶は絶滅の危機にさらされている。現在は9万1,800㎢のこの森林地帯が、モナルカ蝶の生息を守る保護区に指定されている。森林に依存するすべての動植物の生育環境を保護することにもなった。根の土壌・林床・樹皮と、聖なる名前が与えられたオヤメル樅の十字の枝先や葉に沿って、さまざまな生物が森林に依存している。有名無名の動植物が、生物界では依存し合うのだ。森林を維持することで、われわれ人間も恩恵を受けることになる。

左：蝶のライフサイクルは、生と死、復活、再生を表す記号として、世界中で使われている。視覚芸術や文学のモチーフとしても好まれる。写真のように規則正しく密集した蝶の姿は、包装・図案デザインの傑作のように見える。

下：無数の蝶が舞う光景は神秘的だが、これほど多くの蝶を間近に見る機会はめったにない。陽光を浴びながらはばたくモナルカ蝶の羽は、森を大聖堂とみなせば、色鮮やかで透明感のあるステンドグラスを彷彿とさせる。

スコットランド、インナー ヘブリディーズ諸島

48. アイオナ島

西暦563年のこと、王の血筋を引く聖コルンバはアイルランドの抱える世俗的な宗教問題に背を向けて、12人の同志とともに、カラハと呼ばれる小船——枝製の皮張りボートに乗りこみ、波が泡立つアイオナ島へと向かった。青銅器時代の入植者は死者をここに埋葬し、伝説によれば、ノルウェー、アイルランド、スコットランドの王たちもレイリグオーリンと呼ばれる埋葬塚に眠っている。すでにこの島は神聖な地だったのだ。コルンバの一行がこの島に建てたケルト教会と修道院は、キリスト教をスコットランド本土とイングランド北部に伝える拠点となっていった。聖コルンバたちがビュード王の居城を訪問したとき、王は取り合わず、門をかたく閉ざした。聖コルンバがひるむことなくドアの前で十字を切ると、扉はぱっと開き、修道士たちは中へ入っていった。この小さな奇跡を目にした王は、神から聖コルンバに与えられた権威を確信するに至った。王はキリスト教に改

宗し、多くの人々がそれに続いた。

聖コルンバは伝道の旅に出ているとき以外はアイオナ島で過ごしたが、数えきれない信者が彼を慕って島にやってきた。こうして魂の旅としての島を来訪する伝統が始まった。修道院での生活は厳格な規律が重視されていた。アダムナン修道院長（624－704）は、聖コルンバが石を敷き詰めた床で、石を枕に眠っていたと記録している。しかし、それも精神的な歓喜への旅の妨げにはならなかった。やや離れた丘で、ひとりで祈り瞑想していたとき、彼ははっきりと天使たちの姿を見たという。597年に彼の魂が昇天したときも、天使たちがそばに寄り添ったとのことである。コルンバが死を迎えたとき、アイルランドのひとりの修道士がアイオナ島の空に幻影を見たというし、あたりは舞い降りた天使のまばゆい輝きで満ち、歌声が響き渡っていたという。同じ時刻に、違う場所でも数人の漁師が真夏の太陽のように明るい炎が空を照らすのを見たという。こうした出来事は聖コルンバが永遠にあがめられるべき存在であると人々に確信させた。熱心な弟子た

下：アイオナ島に初めて建てられた6世紀の修道院は、木の枝と漆喰で建てられた。600年後に石で再建され、それ以来、折々に改修がなされてきた。20世紀には現代的な目的に見合うようにさらに修復され、風が吹きすさぶ土地への耐久性も備えた。この神秘的な美しさに彩られた修道院には世界中から巡礼者が訪れる。

ちは聖コルンバの仕事を引き継ぎ、対立する異教徒やケルトのドルイド僧に立ち向かった。やがて研鑽を積んだ修道士たちが ケルトの写本や十字架など、神の栄光を称える芸術表現に取り組むようになった。しかし、806 年にはヴァイキングの最初の襲撃があり、修道院の大部分の芸術作品が失われてしまう。

1200 年になってベネディクト派の大修道院が建設され、その一部が修復された修道院の中に今も残っている。現在も、アイオナ島では敬虔な信仰生活が営まれている。1938 年にスコットランド兵士で聖職者でもあるジョージ・マクラウド（1895－1991）が、超教派のアイオナ コミュニティを設立した。キリストの福音を実現する新しい方法を追求し、島のケルト遺産に基づきながらも、移り変わる世界に適応させたものだ。島に滞在する人々のための住宅施設や、信仰を深めたいと望む人々のプログラムもある。島の手つかずの自然の美しさは、つねに自然と神との結びつきを感じさせる。砂浜の白砂と打ち寄せる波のきらめきに魂を解き放つ人には、聖コルンバに語りかけた島の声が今も聞こえるはずだ。

左2枚：アイオナ島は芸術・文学・工芸作品の宝庫で、写真の彫刻や聖ヨハネの十字架もその一部。幅広い活動が訪問者の生活に大きな影響を与え、あらゆる生活環境の人々がここを訪れる。

上：聖コルンバ湾は、アイルランドから海を渡ってきたコルンバ一行の上陸地点らしい。563年に着手した仕事は今も変わらず、ここを訪れる人々をはじめ、世界に大きな影響を与え続けている。アイオナ島の胸を打つ美景、静かさと穏やかさは、深い思考へと誘い、生活の速度を整え、信仰を深める一助となる。

Part 5
到達と儀式

「到達（arrival）」の語源は、「岸辺に着く」という意味だが、ひとつの境地に達することや達成感にも通じているようだ。旅を終えた巡礼者は、物理的にも形而上学的にも新しい場所に身を置く。目的地に向けて歩き始めるということは、到達までに心と魂の準備をしているに等しい。目的地への到達は旅のほんの一部にすぎず、そのためにわざと到達までの時間を引き延ばすこともある。体を動かし、心の準備をしながら、終着点までの道のりすべてに意識を集中して取り組むのが、理想的な巡礼の旅といえるのかもしれない。

左：インドのコナラク太陽神殿では、正門にある対の獅子の像が目的地への到達を告げる。13 世紀に建築された神殿は太陽神スーリヤを祀り、巨大な馬車に見立てた建物はそもそも 24 の車輪付きで、一群の馬がそれを曳いていた。

旅の終焉を告げる儀式やセレモニーは、新たなステップへの始まりでもある。毎年8月、投下された原子爆弾による犠牲者を追悼するために、たくさんの人が広島平和記念公園を訪れる。献花・献辞・鐘の音が響く厳かな式典を通して、この悲劇の重みを各人が受け止める。原爆の衝撃は今も消えることはなく、再び悲劇を繰り返しません、と訴える人々の強い決意によっても、痛みが和らぐことはない。核兵器のない世界への誓いは、過去の悲劇を、将来の希望の烽火《のろし》に変える。こうした式典と平和への訴えは、核軍縮を促す誓約をとおして、悲劇を繰り返さず、希望の光に変え、未来を約束させることなのだ。

スリランカのキャンディで行われるペラヘラ祭（仏歯の行進）は、祝福ムードが強く、聖遺物とその威光に敬意を表する祭りである。15日間にわたる祭りは華やかで活気に満ち、厄除けの炎と色鮮やかな行列が通りを埋める。パーティーにも似た雰囲気は、ラトビアのヤーニ祭にも共通する。ラトビアでは焚火を囲み、祭りの特別な食事・飲み物・歌で夜を徹して夏至を祝う。自然の風景自体が神殿で、樹々は天と地を結ぶ柱になる。同じ夜、イングランドのストーンヘンジでは、ドルイド僧や各宗派の信者たちが日の出を待ち受け、昼が最も長い夏至の、最初の光明が石の上に射すのをじっと見守る。この神聖な石碑が過去にどんな儀式を目にしてきたかは知るよしもないが、太陽と月の動きを石の配列で記録していたことは間違いない。人間は古代から天体の周期に生体リズムを同調させて生きてきた。

テゼ コミュニティは、人々が集まり、ともに学び、巡礼者として帰っていく場所だ。つまり、到達点が心を開いて再び将来へ歩き出す場所になる。ここでは、日常生活に戻ったときに備え、周囲の人々と神の光と愛を共有する心の準備をする。それこそが巡礼の目的である。到達とは何かを成し遂げ、再び元の生活へ戻ることではない。巡礼とはみずからの変革を求めることであり、多くは、癒しや赦しへの探求なのである。悔い改めは罪を

自覚して新たな方向へ進むことであり、新しい生活の足がかりとなる行為だ。いったん立ち止まり、赦しを請い、新しい道へ進む。そのプロセスはセビリアの聖週間の行進でドラマチックに表現される。ここでは祭りを通して多くの人が悔い改めの儀式に参加し、神からの赦しを請う。断食と身を慎む行為が、盛大な復活祭の祝福に向けて魂を清める準備になる。同じ時期、イングランドのリンディスファーン島へも巡礼が行われる。旅人たちはキリストが磔刑にされるまでの十字架の道行きを再現しながら歩くが、距離の長短はあっても、キリスト教巡礼の帰り道は、死と復活で表現される神の愛に照らされている。参加者は自分が目撃した、共有の経験から力を授かり、心を豊かにするのである。

イスタンブールでは、ラマダンの最後の 10 日間を断食と祈りで過ごすため、信徒がスルタン アフメト モスクへと集まってくる。世俗の誘惑から距離をおき、他人や仲間の助けを借りて精神集中しながら、神秘的な「神の力を称える夜」を迎えるためである。新たな三日月が太陽とともに昇る日に断食の期間は終わり、祝宴が始まる。一連の行事がすべて終わると、モスク内で過ごしていた信徒たちは外での生活、喧騒、果たすべき役割と日常生活に再び適応しなければならない。もし到達が新しい場所に足を踏み入れることだとしたら、儀式は決められた手続きと作法に厳密に取り組むことで、神にふれようと手を伸ばすことと表現できるかもしれない。儀式的行為は自分を解放する者の心に深く刻みこまれ、その経験はその後の人生の糧となる。日常の空間に戻って感じることは人によって大きく異なり、旅する人の数と同じくらい多くの出立の動機と結果がある。そして、結果はすべて同時に花開くわけではない。時間をかけて深く考えることで、見たこと、聞いたこと、学んだことがおさまるべき場所に落ち着き、適した瞬間に光が現れ、旅の重要性が理解される。

左から右へ：仏歯寺（スリランカ、キャンディ）、セビリアの聖週間（スペイン）、コナラク太陽神寺院（インド、オリッサ州）、スルタン アフメト モスク（トルコ、イスタンブール）。

チベット、ラサ

49. ポタラ宮、ジョカン宮

「仏の地」を意味するラサは、年間を通じて日照時間が長く「太陽の町」とも呼ばれる。山並みに囲まれた盆地に位置し、南側をキチュ川が流れる。ポタラ宮とはダライ・ラマ5世が名づけたもので、慈悲の心に富む観音菩薩（アヴァローキテーシュヴァラ）の住まう楽園ポタラカに由来する。仏教の経典では「観音の浄土」として知られるこの楽園を思い描いてポタラ宮は設計された。

観音菩薩の役割のひとつは、死者の魂を守って極楽浄土へ導くことであり、そこは信者が涅槃に入る前の休息場所となる。存命中の信者は瞑想や、経典の書かれた巻紙を中に入れたマニ車を回すことで、浄土を訪ねることができる。この中の回転する経典が浄土への道を可能にするのである。回るごとに祈りが宇宙の波長へ同調するリズムを繰り出していく。

1642年以来、ポタラ宮はチベットの国家元首で精神的指導者でもあるダライ・ラマの居所として使われてきた。しかし、現在の14世は1959年の中国侵攻によってインドに政治亡命し、現在も亡命生活は続いている。宮殿は時代を経つつ主人の帰還を待っている。そもそも宮殿は文化的な富と美の宝石箱で、ダライ・ラマの法座がある豪華な広間はその一例だ。ダライ・ラマは観音菩薩の生まれ変わりとされているが、霊塔殿の内部には観音菩薩にまでさかのぼる歴代のダライ・ラマの遺骸が安置されている。偉大な指導者たちへの敬意は、献身的な儀式や優美な装飾品を通して示される。宝石、真珠、貴金属が霊塔の表面を飾り、その並はずれた美しさが他者の救済に生きてきた歴代ダライ・ラマの生涯を祝福している。

左：ポタラ宮は山腹の延長のごとく、地形と見事な調和を見せる。山が宮殿で、宮殿が山といってもよいほど山頂と一体感をもたせた設計がなされたとわかる。宮殿がこの地に築かれるふさわしさが最初からわかっていたようだ。

下：ヤクのバターを燃やした灯明が、ジョカン寺院に満ちている。ランプの灯りが暗闇を照らし、悟りへ向けて集中力を高める。ランプを用意して並べるのは僧侶だが、燃料のバターは巡礼者が提供することで恵みにあずかる。その延長となるのが、祈りへの謝礼として渡す僧侶への布施だ。

上：老若男女の信徒が毎日、宮殿を訪れる。13 階まである建物の内部には 1,000 以上の部屋と、10 倍の数の祭壇がある。信者は建物内を時計回りに移動し、敷居の上には決して立ってはならない。この宮殿は本来ダライ・ラマの居所として建てられたものの、現在の 14 世はインドで亡命生活を送っている。

ポタラ宮から離れて立つジョカン寺院も仏教徒にとって最も重要な参拝場所のひとつであり、チベットで最も神聖視されている。7世紀にソンツェン・ガンポ王の命で建造され、彼の中国人とネパール人だった２人の妻が仏教をこの国に伝えたという。ここを訪れると、プージャー（祈りと仏への供物）を通してよいカルマ（業）を蓄積する機会が得られるという。巡礼者は敬いの気持ちをもって寺院に歩み寄り、立った状態で一歩進み、次に両手・両膝・頭を地面につける五体投地でゆっくりと前進する。寺院への到達は、無知の暗闇から悟りの領域へと入ることを象徴する。内部に安置されている８世紀の釈迦牟尼の黄金像を拝むことが巡礼者のゴールとなる。この仏像はチベット仏教で最もあがめられており、ランプが灯された本堂の中に厳かに鎮座している。信者は揺らめく炎にバターを注ぎ、像に頭でふれる。こうすることで仏像の輝かしい活力が心に波及して、恵みが魂を豊かにするという。その返礼として巡礼者が詠唱する祈りがオームという響きを伴って空気を震わせる。オームは宇宙に最初に生まれた聖音とされ、祈りとマントラに美しさを与える。甘くやさしい宇宙の音がひとつの流れとなって調和を生み、天と地と大気を結びつける。

右：マニ車の中には経典を書いた紙を入れている。信者はこれを手で回しながら先へ進む。祈る人々を活性化し、そのエネルギーと経典の意味を宇宙へと送り出す。この方法ならば、字が読めない信者も経典の言葉を口にすることができる。内部の経典だけでなく、マニ車の外側にも聖句が刻まれている。

下：傘をさして日差しを防ぐ僧侶。傘は実用的な道具であり、象徴的な意味がある。大地を覆う空を表し、僧に保護する影を与える。この国では傘の材料と装飾が持ち主の地位を表す。ダライ・ラマは宗教的指導者として絹を使い、世俗での権威はクジャクの羽根で表現される。

スリランカ、キャンディ

50. 仏歯寺、ペラヘラ祭

緑豊かな丘、香辛料・茶のプランテーションが目立つキャンディは、スリランカの熱帯の暑さが和らぐ高地にある町だ。モンスーンがマハウェリ川の雄大な流れをつくり出す、絵画のように美しく自然の恵み豊かな地域にある。キャンディはマハ ヌワラまたはセンカダガラプラの英語名。シンハラ王朝最後の都で、仏歯寺（ダラダ マリガワ寺）がここにある。

仏陀《ブッダ》は最後の転生として過ごした一生のうち、少なくとも3回、スリランカを訪れたと伝えられる。この地では少なくとも2,000年前から仏教が普及していた。仏歯寺は仏教徒にとって重要な巡礼地で、つねににぎわいを見せる。仏歯の物語はインドに始まる。仏陀がついに涅槃に入り、輪廻から永遠に解放されたとき、彼はクシナガルの２本の樹木の間に横たわって死を迎えた。

ところが、火葬の際に何者かが遺体から１本の歯を持ち去った。賢人の口からその体の一部を遺物として取り出したのである。４世紀にインドで戦争が勃発すると、当時のグハシヴァ王は仏歯を守るために娘のヘママリをランカ王のところに送り出した。ヒンドゥー教徒の軍隊が父の王国の略奪を続ける中、王女は自分の毛髪の中に仏歯を隠し、無事にスリランカまで逃げおおせた。新しい住まいに落ち着くと、仏歯は大切にくるんで宝箱のひとつに入れて祀られ、特別な機会にだけ取り出されるようにした。キャンディに王朝の都が移されると、仏歯を安置するための寺院が建設され、

左と下：10日間の「仏歯の行進」を祝うため、仏教徒がこの地を訪れ、王室のオス象が運ぶ仏陀の遺物に敬意を表す。独特の飾りをした多くの象が同行し、悪を遠ざける松明が灯される。踊り、音楽、太鼓もこの祭りを盛り上げる。

繰り返される戦争の間も、盗難の危機にさらされながら何とか保存し続け、歯を所有する者がこの土地を支配する運命を司ると信じられるようになった。現在は儀式用の宝としてあがめられ、寺院からは門外不出になっている。

年間をとおして祭壇を訪れる信徒の姿が絶えることはなく、蓮の花を供え、祈りを捧げていく。しかし、信者が最も訪れたいと思うのが、ペラヘラ祭の期間中だ。多くの敬虔な信者が「仏歯の行進」の祭りに合わせて寺院を目指す。祭りが最初に祝われたのは18世紀のことで、現在は7月か8月の満月の日を中心に、10日間にわたって祝われる。仏歯を象徴する舎利容器が王室の牡象の背中に乗せて運ばれ、その周りを美しく飾り立てた数十頭の象が行進する。行列を取り囲む松明の炎が悪を追い払い、踊り手・音楽隊・太鼓隊が表現豊かに遺物を祝福する。総勢約1,000人が祭りに参加し、観衆は20万人にもなり、仏教の祭りでは最大級の規模となる。行進の参加者や係員、巡礼者の多くがこの祭りのために白い衣装を身につける。白は学びの色で、無知を知恵に変えるとされる。象も神聖視されている動物で、仏陀自身、何度か象として生まれ変わったといわれている。母のマーヤー王妃が身ごもった頃に、夢に白い象が姿を現したという話もある。行進する象は生命力を表す血と保護の色である赤の衣装を身にまとう。白い蓮の花の飾りははるか昔から観音菩薩の魂の清らかさの象徴とされてきた。

左上：仏歯寺の噴水で、子どもたちが涼んでいる。仏陀の神聖な歯には、適切な時期に雨をもたらす力があると信じられている。

上：キャンディアン ダンスの踊り手が、10日間のペラヘラ祭に参加するために、伝統的な衣装を身にまとっている。祭りは、紀元前3世紀の雨ごいの儀式が起源とされている。

右上：仏歯が保管されている寺院の銀のドアを象牙が守る。仏歯は黄金の小舎利容器にしまわれ、現在は寺院の外に持ち出されることはない。

右下：寺院のそばにある湖は、1807年に水田を埋めてつくった人工湖で、周囲をワラクル（雲）壁が取り囲んでいる。祭りにはこの壁の穴の部分にランプを灯すので、光が水に映りこみ、劇的な効果を上げる。

日本

51. 広島 平和記念公園

広島は中国地方最大の都市。気候は温暖だが、もとより日本は火山国なので地震も起きやすい。第二次世界大戦中の1945年8月6日、街の歴史を永遠に変える出来事が起こった。約30万人が暮らすこの街に、上空からアメリカ空軍爆撃機「エノラ ゲイ」が世界初の原子爆弾を投下したのである。突然の爆風はすさまじく、多くの住民が即死した。飛んでいた鳥は空中で破裂し、閃光によって着ていた服の柄が皮膚に焼きつき、レンガの壁には人体の影の跡が焼きついて、人類の不名誉な歴史として記録された。生存者は被爆者と呼ばれ、2008年の段階で24万3,692人が認定され、その心には戦争の悪夢が刻みこまれている。

しかし、歳月とともに希望の光も灯りだしている。広島平和記念公園の色鮮やかな折り鶴が、平和のシンボルとしての役割を担うようになったのだ。日本の折り紙の風習に従って丹念に折

上左右：広島原爆記念日には、1945 年8月6日の原爆で犠牲になった人々の慰霊のためにお香が焚かれ、元安川に灯篭を浮かべる。原爆投下後、多くの人が火傷を負ってみずから川に飛びこんだ。

られた鶴が広島に集まるきっかけをつくったのは佐々木禎子という少女である。原爆という怪物が投下された当時２歳だった少女は、しばらく何のけがや病気の兆候も見られなかったが、９年後に白血病を発症する。しかし自分の病気の快復を信じて、紙で鶴を折り続けたのだ。この少女の死がきっかけで、原爆の犠牲になったすべての子どもたちが安らかに眠れるよう、平和の祈りをこめた記念碑が建てられることになった。メッセージは世界中へと広まり、平和の希望を抱き続ける人々から毎年 1,000 万羽の鶴が送られてくる。毎年８月６日の広島平和記念式典では原爆慰霊碑で死者を追悼し、被爆者をねぎらい、世界平和を祈る。式典では献花・献辞・黙祷などの儀式を行い、平和の鐘を鳴らし、世界共通の平和のシンボルである鳩を空に放つ。さらに広島市長が平和宣言を行う。2008 年の式典では秋葉忠利市長が原爆体験の精神的影響について２年をかけて調査することを発表し、その調査が「悲劇と苦悩の中から生まれた『核兵器は廃絶されることにだけ意味がある』という真理の重みを私たちに教えてくれる」と述べた。

核兵器廃絶を目指す「平和市長会議」とは、核兵器のない世界への具体的な道筋を求める国際的な活動である。世界各国の 2,368 名の市長が「ヒロシマ・ナガサキ議定書」に署名した。その目的は原爆の恐怖を繰り返さないよう、この悲劇の記憶を世界からポジティブな反応を引き出すための力に変えることである。メンバーの期待どおりに 2020 年までに目標を達成することができれば、人類は再び前進を始めていることになるだろう。

上：原爆ドームの前で祈りに参加する仏教僧。平和祈念式典は午前８時に開始する。15分後に平和の鐘が鳴らされ、サイレンが町中に響き渡り、原爆の生々しい記憶がよみがえる。それに合わせて全国で１分間の黙祷が捧げられる。

右上：慰霊碑の前で静かに祈る女性。この慰霊碑は犠牲者の魂を守るために建立された。犠牲者の名簿が納められ、「安らかに眠って下さい 過ちは繰り返しませぬから」の碑文が刻まれている。

上：原爆後に倒れずに残った数少ない建造物のひとつ、原爆ドーム。骨組みと外壁だけの姿になっている。

スペイン、セビリア

52. 聖週間

セビリアへの巡礼は、スペインでは「セマーナ サンタ」と呼ばれる聖週間に行われる。大群衆の熱気と静粛な儀式の緊張感が混じり合い、通りにはオレンジフラワーの甘い香りが立ちこめる。この行事は初日の「枝の主日」(復活祭直前の日曜日)から「復活祭」まで、キリストのエルサレム入城から復活までの出来事を再現する60の行列で構成される。セビリアの町の通りを大勢の人が埋め、愛と瞑想と、最後には祝福が入り混じる圧巻の祭りを見守る。巡礼者と参加者にとっては、両極端の感情が混在するさまざまな側面をもつ旅となる。

祭りの運営に携わるのはコフラディアやエルマンダッドと呼ばれる信徒会の団体で、会によっては13世紀にまで歴史をさかのぼるものもある。男女2,000人以上が参加する行列もあり、それぞれが外套にフードとマスクという、スペイン語では「ペニテンテ」「ナサレノ」と呼ばれる悔悛者の格好で歩く。ペニテンテは悔い改めの態度を公衆の前で表現することで、キリスト教の最も神聖な季節に自分の罪を悔悟し、神の赦しを求める。行列は聖像《イマヘン》を載せた大きな山車「パソ」が中心となり、聖像の種類は聖週間の物語の光景を再現したもの——キリスト、聖母マリアなど、各グループのテーマごとに決める。たとえば「ラ ボリキータ」のロバのパソは、キリストが「枝の主日」にロバに乗ってエルサレムの町に入ったことを表し、像のそばで棕櫚《しゅろ》の枝を揺らすことで物語を伝える。

異なる名前がつけられた行列はドラマチックで、信仰心にあふれた行動でもある。重い山車を運ぶのは、聖週間のキリストの苦しみを分かち合うためで、十字架を運ぶ者は、やはりキリストの重荷と苦痛と、磔刑に至るまでの闘いについて、何かを感じとるためにそ

左:2,000人ものペニテンテ(悔悛者)がフードとマスク姿で通りを歩き、悔い改めを演じる光景は圧巻だ。この写真のように長いロウソクを手に、裸足で歩く人が多い。すべての行動に深い象徴的な意味と伝統があり、あたりにはお香の煙とオレンジフラワーの香りが立ちこめる。

うしている。行列ごとに雰囲気が変わり、言葉を発することなく裸足で歩く人々がくれば、通りの人々もそれにならう。歌やにぎやかな音楽とともにやってくる行列もある。出発地点が各教区教会からになるため、グループによって歩く距離が異なり、昼間から夜中まで14時間歩いてくる人々もいる。「エル シレンシオ」は完全な沈黙を通して行進するグループで、日が暮れて薄暗くなった通りを、街灯も店の照明も消された中を進む。彼らを包む闇と張りつめた静寂が、通常はにぎやかな通りに不気味なムードを漂わせる。この雰囲

上:「マカレナの聖母」のパソ（山車）を見ようとする人で通りが埋め尽くされている。正式には「ラ エスペランサ」（希望の聖母）と呼ばれるこの聖像は、普段はマカレナ教会に安置されている16世紀の木製の彫刻で、聖金曜日にイエスの死を悼んで涙を流す聖母マリアの姿を表現している。この日は徹夜で行進が続けられる。

気の変化が知覚を研ぎ澄まし、再現される歴史的苦難との結びつきを深めていく。時間が融合し、セビリアの群衆ははるか昔のエルサレムの群衆のごとく、キリストの旅を見守ることになる。キャンドルの炎が揺れ、祈りとともにお香の煙が立ち上る。祭りは復活祭(エル レスシタド) の一行進で終わりを迎える。キリストの復活と、暗闇・悪への勝利がにぎやかに祝われ、信者はみずからの罪を清め、神の愛に守られて日常へと戻っていく。

上:「サンロレンソの孤独の聖母」の行列は復活祭前夜にある。観衆は静かにパソが通り過ぎるのを見守る。山車によっては完全な沈黙を守って行進するものもあり、参加者はこの特別な衣装を着ているときには誰にも話しかけない。先のとがったフードはカピロテと呼ばれ、罪の悔い改めを表す。行進は司祭の格好をしてお菓子を配って歩く子どもたちモナギーリョが先導する。

インド、パンジャブ州アムリトサル

53. 黄金寺院

光輝く大理石と黄金が、絹のような光沢をたたえ「甘露の池」に映りこむさまは、実にきらびやかで魅惑的な光景である。頭髪を覆い、靴を脱ぎ、足を水で清めてから黄金寺院の建物に入ることができる。2005年にハリマンディル サーヒブと名づけられたこの寺院は、シーク教の総本山である。ヴァルミキが叙事詩『ラーマーヤナ』を書いた場所に建つと伝えられ、彼が癒しの霊薬を入れた壺を埋めたところから、聖なる水が流れ出したという。托鉢僧や聖人が瞑想と対話のためにここを訪れ、仏陀もこの場所を気に入って、数年滞在したという。

2000年後、哲学者のグル・ナーナクはその偉大な伝統に従ってここを訪れた。その後、多くの聖人の来訪もあって寺院の尊厳は高まり、現在ますます広がりつつあるシーク教コミュニティの最大の巡礼地になった。寺院の建設は1574年に始まり、1601年に完成。もっとも、現在の外観は長い年月の間に改装や修復を繰り返して進化した姿になっている。巡礼者と旅行者は階層も人種も関係なく肩をこすり合う。誰もが歓迎され、神聖な雰囲気と寛容の精神に包まれる。すばらしい彫像、洗練された芸術作品、幾何学模様の床が訪れた者を魅了し、魂の旅へと誘う。信者は体をかがめて額を床につけ、自分を低めることでこの神聖な場所に敬意を表する。寺院群の中心にある黄金寺院へは「グルの橋」を渡って近づくが、この橋は死後に現世から来世へと向かう魂の通り道を象徴する。62 mの長さがある大理石の橋を渡り終えると、パルダクシュナと呼ばれる巡回路がある。この道に従うと、太陽の動きを追うように寺院を回ることができる。東西南北の4方向にある入口は、すべての人を受け入れる場所であることを表す。

金や銅や貴石が輝きを放つ贅沢な建物には、もうひとつの宝物が鎮座している。それが聖典『グル グラント サーヒブ』だ。アカンド パトという行事ではこの聖典が一日

左：シーク教徒の巡礼者が穏やかな「甘露の池」のそばに座り、水面に絹に似た光沢をたたえて映る黄金寺院の姿を見つめている。水の向こうには数百人が巡礼地へと列をなしている。寺院に入る前に建物の周囲を回る伝統が確立したのは1574年だが、はるか昔から、苦行者や僧侶や哲学者たちが神聖な池の美しさに魅せられた。

中朗唱される。毎晩、『グル グラント サーヒブ』はグルの橋の銀の扉を通って池を渡り、アカール タクトという別棟の「ベッド」へ戻される。この移動の儀式は聖歌・祈り・敬虔な音楽・香りで神聖さを高められ、その様子は全国にテレビ放映される。寺院は個人の成人儀式や信仰に関連する数多くの祝祭の場となり、ほとんどのシーク教徒が、一生に少

なくとも一度はここを訪れ、生涯の最重要行事として位置づける。ディーパヴァリ（光の祝祭）のときには200万人も集まることもあり、炎と花火による祝福はすべての人の心に備わる光を象徴する。

左上：寺院の外で振る舞われる甘い飲み物でのどを潤す。アムリトサルはもてなしの心で知られ、人種・信条・地位に関係なく、誰もが歓迎される。東西南北の四方に開かれた扉をもつ建物がそれを象徴している。

左下：巡礼者は「グルの橋」を渡って黄金寺院を目指す。寺院内部で聖典を聞き、再び世俗へと帰っていくが、神聖な場所に身をおき、神聖な儀式に参加した経験から、新たな人間に再生している。

右：ボランティアが訪問者に飲み物を配る。ここに来る人は誰でも寺院から無料の食事に招かれる。配るのは他人に奉仕したいと願うボランティアの人々だ。シーク教徒は毎日の生活で祈りと慈善をバランスよく実践するように努力し、グルドワラと呼ばれる寺院がコミュニティの中心になる。

ラトビア

54. ヤーニ祭

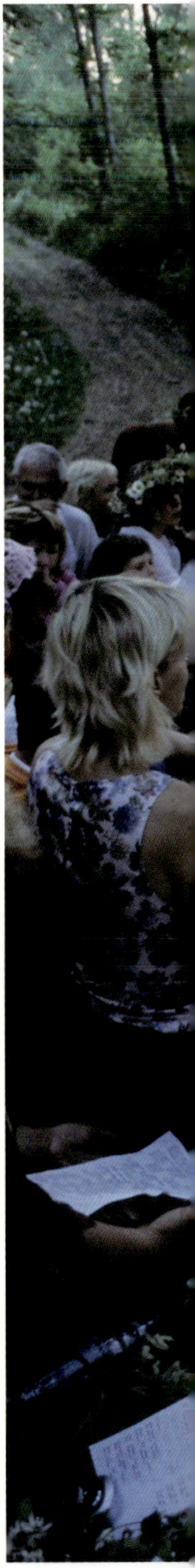

ヤーニ祭はにぎやかに夏至を祝う祭りで、太陽が天を駆ける聖なる旅を祝うとともに、ラトビア人のアイデンティティを象徴する行事でもある。多くの国で、火は浄化と再生のシンボルになっている。新しい生命を誕生させるための破壊する力とみなされることもあれば、厄除けとして見られることもある。古代には各家の炉でおこされる火は、悪を寄せつけないようにとけっして消されることがなかった。そして、何よりも火は太陽を象徴し、太陽は神を象徴する。

ドイツからラトビアにキリスト教が伝えられたのは12世紀のことで、当初は強い抵抗に直面した。この土地には農業に根ざした古代からの信仰があり、現在もラトビアの文化に深く埋めこまれている。農耕のサイクルは天体によって支配され、生命のリズムは太陽が昇ってから沈むまでの空の旅と、季節による太陽の通り道の変化に左右される。ヤーニは太陽が最高点に達する夏至を祝う祭りで、ラトビアの古代の神ヤニスが祝われる。

祭りはキリスト教以前の信仰に起源があるものの、その名前は、少なくとも一部は「聖ヨハネ祭前夜」に由来するということで研究者の意見がほぼ一致している。つまり、古い信仰が新しい信仰と融合したことになる。キリスト教では洗礼者ヨハネが夏至の日から徐々に弱まる太陽の光と結びつけて語られることが多い。これは、ヨハネの言葉どおりに出現したキリストが、実際に指導者としての力をつけるにつれ、ヨハネ自身の力が徐々に衰えていったためである。キリストは暗い季節に生まれ、誕生とともに太陽の光は再び強さを取り戻していく。ラトビアの人々は、特別な料理やお酒や歌を通してヤーニ祭の祝福を表現する。男性はこのときだけはヤニス（ヨハネ）の名前となって、オーク（樫）の葉の冠を頭に載せる。樫の樹は力と男らしさの象徴で、稲妻を引き寄せる魔力をもつとみなされる。太陽から発する稲妻は樫の樹に神聖な力を与え、樫の葉を頭に載せることで、男性は力を得ることになる。女性の花飾りにはリンデン（西洋菩提樹）の花が使われる。こちらは樫の樹の男性的な力とバランスをとるためのもので、水や癒しの力と女性らしさを象徴する。この祭りの期間だけに歌うダイナという伝統的なラトビア民謡は、人間・自然・神の領域の結びつきと調和を語り、歌に合わせてフォークダンスのステップが円を描く。キャラウェイシード（茴香の種）入りのヤーナ シエルスと呼ばれるチーズもこの祭りのための特別な食べ物で、ヤーニ ビールと一緒に振る舞われる。しかし何といっても、祭りの中心は炎だ。大きな焚火から火花が散って煙が上り、原始から人間の想像力をかきたててきた魔力を放つ。炎の周りでは民話が語られ、目前の火と暖かさを祝福しながら、人々は笑いを共有し、一年で最も短い夜を楽しむ。昼が夜を、光が闇を克服することを表現する。朝日が昇り始め、炎の力が弱まると、若い男性たちが炎の上を飛び越えて男らしさを証明し合う。女性たちは力の宿った朝露で顔を洗う。

前頁：ヤーニは夏至を祝う祭りで、夜通し祝福が続く。特別なご馳走、物語、歌や踊りで時間を過ごし、闇に対する光の勝利を祝う。この伝統の祭りは農業のサイクル、すなわち天体の動きに基づいた古代ラトビアの暦に起源がある。

上：伝統的な花冠をかぶった女性たちが炎に種を投げ入れる。冠には女性らしさと癒しを象徴するリンデンの花が使われる。男性は、強さと耐久性に優れている英雄の象徴である樫の葉の冠を載せる。炎を飛び越えて自分の男らしさを証明する。

上：ヤー二祭の中心は炎。炎は浄化と再生、そして太陽を象徴し、悪と危険を遠ざける厄除けの役目も果たす。これらの絶対的な力が、地上における神の存在の象徴ともなる。

インド、オリッサ州

55. コナラク太陽神殿

コナラクはベンガル湾に面したオリッサ州の小さな町で、プリー郊外にある。かつては海岸の町だったが、長い年月の間に海が後退し、現在は2㎞内陸に位置する。モンスーンやサイクロン、高潮の被害が多い地域で、神殿は砂と密林に覆われてしまっていたが、20世紀に始められた保全活動によって、今では容易に神殿に近づけるようになり、以前より建物の状態もよくなった。

この巨大な神殿は、ナラシンハデーヴァ1世（1236－64）が太陽神スーリヤをあがめるために黒色花崗岩で建設させたものである。神殿は太陽神が空を駆けるときに乗っていた、7頭の馬が引く24輪の馬車に見たてた形で、7頭の馬は週の曜日を、12対の車輪は1年の月を、車輪の8本の軸は女性の1日のサイクルを表す。馬車は長い間、太陽神の力に敬意を表してここに立ち続けてきた。ベンガル湾に昇る太陽の方角を向いているのは、夜明けとともに海の上に太陽を引き出し、空を駆ける一日の旅を始めるためだろう。

建物の表面には精緻な彫刻が施されている。細かく編んだレースのような装飾は石の重量感にそぐわないように見えるが、神々や動植物、カーマスートラのシーン、神獣や海の怪物などが生き生きと表現されている。塔にはかつて不思議な力をもつ磁鉄が含まれていたといわれ、それが玉座を宙に浮かせ、磁石の力で潮の満ち

右：コナラク太陽神殿の車輪の一つ。太陽神が夜明けの空を駆けるときに乗る大きな馬車の形をしている。ベンガル湾に昇る太陽の方角を向いている。

引きのリズムや羅針盤を狂わせ、船を難破させたという。ポルトガル人が磁石を持ち去り、現在は伝説の中に封じこめられて力を失ってしまった。

毎年2月には、寺院最大の祭り——チャンドラバーガ メーラとも呼ばれる太陽神を祝う祭りマーガ サプタミを祝うために、多くの巡礼者が徒歩で集まってくる。昼の時間が長くなり、水平線上の太陽がウッタラヤーナ（北回帰）を始める時期であり、太陽が生まれ変わる日としても祝われる。信者は聖なるチャンドラバーガ川や海で身を清めながら、南東の水平線に太陽が昇るのを待ち続ける。大きな炎の玉が水面に顔をのぞかせると同時に、夢中になって水しぶきを上げる人々、そのきらきら輝く無数の水滴が称賛の叫びや喜びにあふれる笑い声と重なり合う。それが終わると寺院まで歩いていき、太陽の動きを追うように馬車の周りを時計回りに周回する。ひととおりの儀式を終えると、一日の残りは親しい者同士が集まった祝宴が繰り広げられる。それは太陽の光が再び水平線へと沈み、闇が寺院を覆うまで続くのだ。太陽神は無事に役目を終えると、翌日には再びこの土地に温もりと光をもたらしてくれるのである。

左：陽光が神殿に注ぐ。壁を飾る精緻な彫刻は、「カーマスートラ」の光景・神話・海陸の生物を描いている。かつては、近くの海を航海する船員たちが寺院の塔を目印に使っていたが、潮の満ち引きにも影響を及ぼす寺院の力が船の難破を引き起こすと考えられ、その習慣もなくなった。

上：馬車の間から眺めた13世紀の寺院。デザイン性と建築技術の高さがよくわかる。この地域では最高の建築物とされ、繊細な網目模様、絶妙な比率、丸みのある塔と円屋根など、すべての要素が見る者を圧倒し、視覚から伝わる感動が魂にふれる。

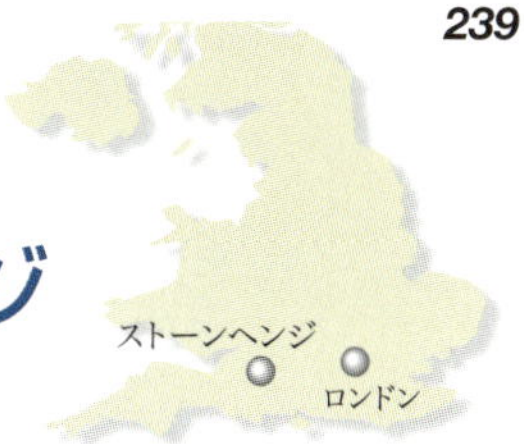

イングランド、ウィルトシャー州

56. ストーンヘンジ

ソールズベリー平原がストーンヘンジの場所としてなぜ選ばれたのか、その理由は今後も判明しないかもしれない。遺跡本来の名を知ることも、機能を完全に理解することもできないかもしれない。しかし、研究者や考古学者による新たな発見のたびに、ストーンサークルへの理解は時代ごとに変わってきた。この環状列石は異なる時代に3段階に分けてつくられたもので、「ヘンジ」の名は英語の動詞 hang《つるす》に由来する。まず、動物の骨と枝角を道具に使って堀と土塁がつくられ、樹木の柱が埋められた。それは紀元前 3100 年のことである。その後、紀元前 2500 年頃に巨大なブルーストーンがウェールズから 400 ㎞を超える距離を、陸地では引かれ、海では船に乗せられて運ばれた。ほとんど魔法ともいえる力と工夫だ。それから 200 年後、5トンもの重さのあるブルーストーンは蹄鉄型に配置を変えられ、周囲には巨大な砂岩（サルセン石）が環状に並べられた。これらの石は継ぎ加工をして2つの石の上に横石を

左：ストーンヘンジの配置は天体の位置と動きを反映し、夏至や冬至を計算できるようになっている。しかし、なぜ人々が集まったのか、その正確な理由についてはまだ推測の域を出ない。現在は夏至を祝うドルイドの儀式がここで行われている。

下：ストーンヘンジで迎える夏至の日の夜明け。熱心な見物者にとっては特別で感動的な瞬間になる。

置いたトリリトン（三石塔）の形になっている。横石はわたしたちの考えが及ばない奇跡的な方法で持ち上げられたとしか思えない。

石がどのように使われたのかも、はっきり知るのはむずかしい。遺跡の近くにある多くの墓はアルプス地方やはるか遠方からやってきた旅行者のものだ。動物もやはり遠くから運ばれてきたが、売買するのが目的だったのか、贈り物や供物だったのかわからない。無数に見つかる採集品から、いくつかの遺跡は巡礼者の宿泊施設に使われたと考えられている。しかし、人々が何のためにここにやってきたのか、正確なところについてはまだ推測するしかない。サークル内の石の配置は明らかに天体の動きを観察するもので、夏至と冬至がここで祝われた可能性は高い。石の配置で夏至点と冬至点、春分点と秋分点を目に見える形で表し、その時期を計算することができた。今はもう失われた知識を使って、月食が予言されていたとも考えられる。季節と時間が変わりなく巡る現象は祝福に値し、歴史を通じて敬われてきた。結局のところ、人間の生活は天体に左右され、すべてが見通され、光や雨を降り注ぐ空は、つねに何かの前兆を告げるものとして観察され、惑星のメッセージが解読されてきた。おそらく列石が完全な環を描いているのはそのためだろう。環状の石柱に囲まれた空間に身をおき、空の星を背景に石の解釈、宇宙の解析に挑む。天が地上の枠組みの中に持ちこまれ、地上の物体を天空という背景に組み入れる。身を沈めて地面にひざまずけば、石は高くそびえて見える。何という喜びだろうか！

ここではどんな謎が見つかり、どんな議論がなされてきたのだろう？　ほかの遺物の例からもわかるように、円環は調和と無限と完全の象徴である。悪を駆逐するためにも使わ

れてきた。ブレスレットやベルトもお守りとして身につけられてきたのである。病気が他者の悪意のなせる業と見なす文化圏では、サークルは癒しの働きをもつ。ストーンヘンジの周辺に埋葬された死者の不釣り合いな多さは、病人やけが人が多かったことを表している。魔除けにするために持ち去られたかのように、たくさんのブルーストーンのかけらが周辺に散らばっている。治癒力のある石を携帯できる大きさにしたものだ。おそらくストーンヘンジは、天体観測の道具として使われたと同時に、癒しの場所でもあったのだろう。現在、訪れる人があまりに増えたため、石への接近は厳しく制限され、不思議な力の恩恵にあずかりたいと考える側と、石を保護したいと考える側の両者が熱い論争を繰り広げている。それでも、特別な条件下で通常の見学時間外の立ち入りを申請することはできる。今も変わらぬ驚異の場所は、イギリスのネオドルイド教の信奉者にとっては最大の巡礼地である。彼らの祖先は800年間、ここで夏至を迎えてきたのだから。

左上：ストーンヘンジは世界最大の環状列石ではないが、上にリンテル（横石）が載っているのはここだけ。横石は未知の方法によって持ち上げられ、下の2つの石とつながってトリリトン（三石塔）の形になっている。「ヘンジ」という名はアングロサクソン語のhangに由来する。水平に置かれた石が垂直に立つ石に支えられていることを表したものだ。

上：ドルイドの王アーサーに扮した男性が、夏至の夜に松明《たいまつ》を持って行進を先導する。この祝福ははるか昔からの習慣で、植物が格別の治癒力をもつと信じられていた時代にさかのぼる。行事に使われる植物は、ハーバリストが夜通しかけて摘み取っていた。この日を境に太陽が水平線に沈む時間が徐々に早くなるため、土地を徘徊するかもしれない邪気を追い払うため、かがり火が焚かれる。

イングランド

57. リンディスファーン島

リンディスファーンは手つかずの自然が残る美しい島で、降り注ぐ陽光が北海の波に反射し、泡立った波が白い浜辺に打ち寄せる。水鳥の貴重な生息地でもあり、稀少種も普及種も、しなやかで美しい姿の鳥も個性的な姿の鳥も、数えきれない種類が集まってくる。島を吹き抜ける風は、心臓の鼓動を速めるほど冷たい。このイングランド北東部にある高波の島は、聖なる島としても知られる。休息や精神的な癒しや深い理解を求めるために孤独を必要とする人々にとっては、格好の隠れ家となる。

西暦635年頃、オズワルド王の求めで聖エイダンがアイオナ島からこの島へ渡り、修道院を建設した。その後、聖カスバートが修道院長になって、コミュニティが拡大する。イングランド北部への布教の旅を続けるにつれ、知恵と癒しにたけた聖カスバートの評判がどんどん高まった。彼は多くの場所に足跡を残したが、活動と最も密接に結びついていたのがリンディスファーン島で、キリスト教の彩飾写本『リンディスファーン福音書』にその名を残すのがこの島である。8世紀初期に刊行されたこのすばらしい福音書は、島から世界に向けての贈り物だ。イードフリースという名の修道僧が書写と装飾を手がけたと伝えられる。彼はアングロサクソンの伝統にケルトの文化を織りこみ、聖カスバートに捧げる独創的かつ貴重な福音書を描いた。『アングロサクソン年代記』に収録されている793年の史料に、その後の災いの前兆となる出来事——つむじ風、稲妻、飢饉の前ぶれとなる竜の出現を記録したものがある。その直後に、ヴァイキングがリンディスファーン島を襲撃し、残忍きわまりない攻撃で多くの血が流された。修道士たちはできる限りのものを持って島から逃げ去るが、その中には聖カスバートの遺体も含まれていた。

現在、修道院は廃墟となっているが、聖エイダンや聖カスバートらの霊的な存在は今も感じられる。姿が見えないことで、その存在がより強く感じられるといってもいい。この霊力は、偉大な修道士たちの足跡をたどる者たちによって維持されている。教区の聖マリア教会は、住民と巡礼者の別なく信徒に奉仕する。この教会は、聖エイダン最初の木造だった修道院跡に建てられた形跡がある。夏の数ヵ月、島には旅人の姿が目立つようになる。スピリチュアルな旅人・ハイカー・野生生物の観察者・アーティストたちが、潮が引くのを待って古代の巡礼路へと足を踏み出す。本土から島へ渡るタイミングは、安全のために潮の満ち引きに合わせて決められる。毎年の聖週間には、5つの巡礼路が聖なる島でひとつに結ばれる。これが教派を超えた「北の十字架」の巡礼である。巡礼者は異なる地から大きな十字架をかついで112－193㎞の距離を歩き、一団となって聖金曜日の朝、島に到着する。復活祭前夜には「復活祭の火」で焚く流木が浜辺で集められる。その炎は世界の光としてのキリストの存在を象徴するものだ。復活祭の朝には運んできた十字架に花が飾られ、祝福の礼拝のために教会に運びこまれる。やがて礼拝を終えた信徒たちは村中を陽気に行進する。その場に立ち会うことは信仰の宣言になるとともに、過去の巡礼者と結びつくことでもある。島へ渡るために苦労して歩いた分だけ、復活祭の喜びで魂が高揚し、巡礼者たちは宙を歩くような気分で日常へと戻っていく。

上：聖なる島リンディスファーン修道院は、聖カスバートらの献身的な活動が生んだ神聖さにふれ、信仰を深めたいと願う人々の、魂の隠れ家として機能する。ここでは潮のリズムが生活のペースを決め、巡礼者を古代と同じ自然の中に放りこむ。

左：干潮になると島と本土をつなぐ道が現れ、巡礼者たちは濡れた砂の上を裸足で歩いて聖なる島へと近づく。高い杭は安全なルートを示しながら、精神的な指針を象徴する。21 世紀の作家が『リンディスファーン福音書』に始まる島の宗教文学の伝統を受け継ぎ、現在のケルト・キリスト教文化に関する文献は、本土に戻った巡礼者の精神的ガイドとして役立てられている。

トルコ、イスタンブール

58. スルタン アフメト モスク

内装に青いイズニク タイルが使われていることからブルーモスクとも呼ばれるこの建物は、特徴的な6本の尖塔（ミナレット）でよく知られる。スルタン アフメトは近くのハギア ソフィア大聖堂に対抗するために建てさせたともいわれ、オスマントルコ帝国の伝統建築では最後の傑作との呼び声が高い。1609年に着工した建設は完成までに7年を要し、惜しくもスルタン アフメトはその1年後にわずか27歳で死亡した。彼は妻と3人の息子とともにモスク脇の霊廟に眠っている。

建物の外観は壮麗で威厳に満ちている。尖塔は天に向かって高くそびえ、槍のような形が、中央ドーム周辺に波打つ丸屋根と好対照をなしている。モスクを訪れるためにはふさわしい服装がある。入る前に頭髪を覆い、靴を脱ぐ。最も喜ばしいのは礼拝者専用の西口から入ることだ。観光客は北側から入り、謙虚さを示すために吊り下がる鎖の下で身をかがめる。いったん堂内に入ると、建築そのものが五感に迫ってくる。タイル・窓・アーチ・祈祷用マットのどこを見ても、美しく高尚な装飾が施されている。アーチには曲線の模様が重なり、大きな円を描いて下がるランプの向こうにはさらに大きな円を描く窓があり、柱とステンドグラスの周りを、植物などをモチーフにした彫刻がレースのように飾る。

この光輝の建築はアラーの無限の恵みを表現するものだ。ドームが活力を内に送りこみ、礼拝者の中心部にふれる。礼拝はイスラム教徒の重要な義務「五柱(五行)」のひとつで、一日に5回の祈りが定められ、その開始は尖塔の上からムアッジンと呼ばれる係が呼びかける。祈りはひとりで行っても集団で行ってもよく、すべての男性は金曜日正午ごとの祈りに参加しなければならない。毎日の礼拝に加えて、年間行事としてより大きな祝祭日や記念日があり、重要なひとつにラマ

右：スルタン アフメト モスクが完成すると、メッカのモスクに対抗するかのような6本の尖塔が波紋を引き起こした。メッカのモスクは最高の権威を回復するために7つめの尖塔を立てたのだ。

左：モスクの内装は豪華で優雅だ。自然光と円形に並ぶランプの灯りが丸天井とアーチを照らし、曲線と柱が効果的に使われているのがわかる。建築も装飾も、すべて神の栄光を称えるためのもので、その神聖な空間に礼拝の声が反響する。約２万枚のイズニク タイルが使われ、ブルーモスクと呼ばれている。

上：イスラム教徒は一日に５回、メッカの方角に祈る。最近まで祈りの時間はムアッジンがらせん階段を登って尖塔上から呼びかけていた。現在はスピーカーを通して町中に流される。夕方には色つきの投光ライトがモスクを照らす。

ダン月がある。イスラーム暦第９の月に断食が行われ、信者の多くは最後の10日間をモスクで礼拝して過ごし、天使と聖霊が舞い降りる「ライラト ル カドル（力の夜、みいつの夜）」に備える。これは、預言者ムハンマドがアラーから最後の啓示を授かった夜を表し、祈りと学びと義務に集中する最も神聖な時間となる。この重要な歴史的出来事を祝福し、断食の間に力を授けてくれるアラーに感謝を捧げる。

ラマダンの断食期間が明けると、「イード アル＝フィトル」の祝福がある。新たな月の三日月が空に昇るときに始まるこの祭りでは、人々はいちばん上等な洋服を着て、一団となってモスクまで行進する。モスクに入りきれなかった人が外で祈りを捧げている姿も見受けられる。祭りの期間は、罪を許し、贈り物を交換し、家族が再会し、慈善を施す習慣もある。友情の橋が築かれ、修復され、家族同士の絆が強められる。ラマダン期間中、世間から遠ざかっていた人は、日常の忙しさに再び適応しなければならない。俗世間へ、そして日常の食事と仕事と交際のリズムへと戻ることは、精神的な領域から現実的な世界へと戻ることを意味する。精神的な鍛練の次には自由がやってくる。信者はその２つの間でうまくバランスを保たなければならない。

上と右：テゼの「和解の教会」で祈る人々は、世界の光としてのキリストの存在を象徴するキャンドルライトの柔らかな炎に見守られる。さまざまな教派のキリスト教徒がここに集まり、そのエキュメニズムは幅広い礼拝様式にも見てとれる。テゼの聖歌は心を落ち着かせ、祈りを助ける力があるとして世界中に知られている。

フランス、ソーヌ=エ=ロワール県

59. テゼ コミュニティ

このエキュメニカル（キリスト教会の統一を目指す）な修道院的共同体は、キリスト教会をもって世界に和解をもたらすことを目的に、ブラザー ロジェという人物が20世紀に設立した。テゼは共同体のあるフランス南部の村の名前で、おもに若者を対象に、祈りと聖書研究と共同作業が奨励され、毎年10万人以上が巡礼に訪れる。

ブラザー ロジェは戦争で引き裂かれた家族を助けるために、故郷のスイスからフランスへと移り、彼が1940年に入手した家は、すぐに多くのユダヤ人難民にとっての聖域になった。しかし1942年にロジェが資金集めに奔走している間、家はゲシュタポに占拠されてしまう。1944年にフランスが解放された後で彼はテゼに戻り、コミュニティでの仕事を再開した。3年後、彼と6人の仲間が、独身・権威の尊重・財産共有の誓いを立てる。

コミュニティに参加する数が増えるにつれ、メッセージは世界中へ広まっていった。アジア・アフリカ・南北アメリカ・ヨーロッパでの慈善活動の成功は各地域で注目を集めた。1966年、コミュニティは若い世代のための最初の国際会議を開き、その成果は、宗教的背景にかかわらず、開かれたコミュニティとしてのさらなる成長に繋がった。現在いる100人の居住者は25ヵ国の異なる国の出身だ。その多様な背景から、幅広い礼拝様式が実践される。スタイルもタイプも異なる音楽・詠唱・沈黙・歌を通した信仰の実践が見られるが、活動の中心にあるのは、日常生活にキリストの存在を探すことと、キリスト教世界の和解への希望である。彼らは違いを強調することよりも、キリスト教徒が団結することのほうが重要だと考えている。コミュニティでの生活は質素で、参加者は日用品と、できればテントも持参するように指示される。しかし、何より重要なのは聖書を持ってくることで、ミュージシャンであれば、その才能を礼拝で共有できるように自分の楽器を持ってくるように勧められる。

テゼへやってくること自体が聖なる旅だが、大事なのは巡礼者たちが何を手にして家に戻っていくかであり、そこで「地上における信頼の巡礼」と呼ばれるプログラムが立ち上げられた。このプロジェクトの背景にあるのは、巡礼者が職場や日常生活の中で神の平安を実践していくことを目標とし、テゼで過ごす時間自体は、コミュニティの外の世界でまかれるべき信仰の種となることを期待するというものである。テゼ コミュニティでの典型的な一日は、祈り・ワークショップ・討論に分けられ、テーマは参加者の年齢層によって決められる。年に一度、ヨーロッパの大きな都市で開かれる集会には、数千人規模で若者が世界中から参加する。この集会はクリスマスと新年の間に実施され、親睦的な雰囲気の中で、討論をしたり問題を提起したりして時間を共有する。若者が多いことから、当然ながら熱気と興奮が高まり、セレモニーはいつまでも終わらない。新しい友情、新しい知識、新たな信仰の喜びを得た高揚感がその表情に現れる。

スペイン、ガリシア地方

60. サンティアゴ デ コンポステラ

サンティアゴは、多くの巡礼路の到達点になっている。11の道が有名だが、どの道も巡礼者の姿が絶えることはない。途中で巡礼者同士で徒党を組み、連れだって歩く人もいれば、ひとりでゆっくり歩き続ける人もいる。道は山を越え、平原を横切り、町や農場を通過する。途中には道標として石塚や矢印があり、舗道に飾り鋲が埋めこまれたりする。巡礼者は世代もさまざまで、歩く人もいれば、自転車で駆け抜ける人もいる。敬虔なキリスト教徒もいれば、真理の追求を目的にする人もいる。道のりの天候はいつも気まぐれだ。

「聖ヤコブの道」とも呼ばれるこの巡礼路は9世紀に確立された。星の導きにより、ある畑から聖ヤコブの遺骨が発見されたのがきっかけだった。その聖遺物の重要性から、中世には巡礼が盛んに行われるようになる。その場所を示すために礼拝堂が建てられ、現在は同じ場所にまばゆいばかりのサンティアゴ デ コンポステラ大聖堂が立ち、毎年世界中から少なくとも10万人が訪れる。聖ヤコブの日（7月25日）が日曜日にあたる聖年には、その数はさらに増す。巡礼者はクレデンシャルと呼ばれる巡礼手帳を持ち、途中の宿泊所でスタンプを押してもらうが、これは旅の記録というだけでなく、巡礼者専用の宿泊施設レフヒオに泊まる許可証でもあり、巡礼を終えたときには公式の巡礼証明書（コンポステラ）を発行してもらう旅の記録簿でもある。

目的地への到着は達成感をもたらし、精神的な旅の疲れが軽減される。肉体的な疲労を癒し、まめのできた足の痛みを和らげる。大聖堂への到着後は、一緒に旅をした仲間とともに神を称え、享受した恵みに感謝し、将来の無事を願う。そのすべてが、巡礼者が参加する儀式とミサの間に表現される。大聖堂の「栄光の門」は12世紀のロマネスク彫刻の傑作で、中央の柱には聖ヤコブの像が彫りこまれている。巡礼者はその左足にふれることで旅の終わりのサインになる。立ち止まって旅の重みを実感しながら、ひとりずつ、同じ石の上に手を置いて祈る。そこから中央の通路を進み、

上：聖堂内では信者の頭上でボタフメイロが揺らされ、香を入れた容器がほぼ半円を描く。400年前に天井に設置された器具から吊り下げられた香炉は1.6mの高さがあり、世界で最も大きな香炉だ。使われる香の量も揺らし方のコントロールも大規模なものになっている。

右：聖ヤコブの日には、大聖堂の外のオブラドイロ広場に数千人の信者が集まって祝福する。キリスト教圏のあらゆる場所から、歩いて、馬に乗って、自転車で、あるいは乗り物を乗り継いでやってくる。聖ヤコブの日は大聖堂が最もにぎわう祭りだが、忙しいのはこの日ばかりではない。

奥に聖人の遺物が安置された祭壇を臨む。そして静かに祈りを捧げ、聖ヤコブ像の近くへと進んでいく。彫像を直接抱きかかえてもかまわない。告解をしたければ、自分の国の言葉、あるいは共通の第二言語で話を聞いてくれる神父が見つかるだろう。毎日正午から巡礼者のためのミサが行われ、前日に巡礼証明書をもらっていれば、出発地点と出身国をミサの間に読み上げてもらえる。祝祭日には吊り下げ式のボタフメイロという大香炉が、信

右：サンティアゴへの道は変化に富み、多彩な風景を垣間見せる。厳しい難路もあれば、穏やかで美しい道もある。

右下：11世紀の「王妃の橋　プエンタ ラ レイナ」は、ナバーラ王妃ウラカが巡礼者のために特別につくらせた。この橋のおかげで、難なく川を渡ってサンティアゴ デ コンポステラを目指せるようになった。

次頁：主祭壇は、天使像、シャンデリア、さらには碧玉や銀などの高価な材料を使ってにぎやかに飾られている。祭壇の背後にある階段は、13世紀の聖ヤコブ像へと続き、巡礼者は昇っていきそのマントに口づけするのがならわしだ。ここで巡礼は完了する。しかし、この最終地点は新しい旅への出発点になる。儀式に参加し、祈りの言葉が唱えられ、人生は一新する。さあ、今度は日常へと戻る時間だ。

徒たちの頭の上で弧を描くように揺らされる。すべての儀式を終えたときには、旅が終わってしまうことと、せっかく出会った仲間との別れがつらくなっているかもしれない。しかし、何かをやり遂げた後のすがすがしい達成感をいっしょにもって帰ることができるのだ。この旅と、道をともにした人々、サンティアゴの恵みから学んだことは、時間をかけて理解されることになるだろう。その意味で、巡礼はこれからも続いていくのである。

写真クレジット

Front Endpapers:Getty Images/AFP/Toru Yamanaka
Back Endpapers:Corbis/Christophe Boisvieux
4 Corners Images:/Morandi Bruno:1437; /Johanna Huber:209, 246; /Borchi Massimo:138, 209, 234-235; / Schmid Reinhard:132-133; /Giovanni Simeone:244-245, 247 Alamy:/©A.P:230-231, 232; /©AfriPics.com:50-51; /©Rex Allen:139; /©Nir Alon:47; /©Stephen Bardens:178; /©Tibor Bognar:86; /©Kevin Galvin:134; /©Eddie Gerald:147; /©Terry Harris/Just Greece Photo Library:106; /©Geoff A Howard:87; /©Imagestate Media Partners Limited-Impa Photos:26-27, 173; /©Indiapicture:76; /©isifa Image Service s.r.o:52, 90-91; /©Israel images:55, 57; /©JTB Photo Communications:62, 86; /©Ben King:98; /©Melvyn Longhurst:68; /©Look Die Bildagentur der Fotografen GmbH:14, 23, 24, 170-171, 173; /©David Lyons:24; /©Neil McAllister:77, 172-173; /©Bruce Miller:4-5; /©Paul O'Connor:30, 31; /©Graeme Peacock:243; /©Mark Pearson:185; /©Photolibrary Wales:112, 150-151; /©PhotoStock-Israel:7, 47; /©Profimedia International s.r.o:102, 136; /©Reuters:135; /©Stephen Saks Photography:99; /©David Sanger Photography:113, 144-145; /©Jack Sullivan:53; /©Jim Zuckerman:236 Alinari Archives-Florence:34 Apollo Images:42 Art Directors and TRIP:79, 177, 184; /Ark Religion:45 Br Lawrence Lew, O.P:130 Brenda Tharp:200 Bronek Kaminski:118, 214, 215, 216 Chris Strickland:18 Corbis:63, 88-89; /©Jon Arnold:137; /©Sharna Balfour:49; /©Anthony Bannister:15, 48; /©Dave Bartruff:6; /©Yannis Behrakis/Reuters:108; /©Amit Bhargava:166; /©Christophe Boisvieux:164, 168, 169, 208, 217, 248, 249; /©Massimo Borchi:71; /Stephanie Colasanti:70; /©Richard A. Cooke:206-207; /©David Cumming:250; /©Keith Dannemiller:201; /©Marcelo Del Pozo/Reuters:224; /©Mark Downey/Lucid Images:81; /©Robert Estall:194, 195; /©Michael Freeman:109-111; 112, 113, 120-121, 125, 126; /©Lowell Georgia:22; /©Gianni Giansanti:186; /©Peter Guttman:158; /©Ali Haider:40; /©Jon Hicks:37, 216; /©Jim Hollander:54; /©Jeremy Horner:9, 129, 213; /©Rob Howard:66; /©John R. Jones:139; /©David Keaton:11, 210; /©Manjunath Kiran:165; /©Richard Klune:221; /©Frans Lanting:162, 174-175; /©Frederic Larson:188-189; /©Xurxo S. Lobato:253; /©Christophe Loviny:127; /©Christopher J. Morris:62, 66; /©Mike Nelson:43; /©Kazuyoshi Nomachi:44, 45; /©Paulo Novias:187, 186; /©Richard T. Nowitz:56-57; /©Caroline Penn:96-97; /©James Pomerantz:167; /©Vittoriano Rastelli:12-13, 33; /©Reuters:14, 41, 95, 159, 181; /©Michael Reynolds:143; /©Galen Rowell:64; /©Hamid Sardar:142; /©Phil Schermeister:192-193; /©Frédéric Soltan/Sygma:69, 74-75, 237; /©Paul Souders:177; /©Roman Soumar:153-155; /©Penny Tweedie:17; /©Patrick Ward:225; /©Nancy G. Western Photography:192; /©Nik Wheeler:158; /©John Henry Claude Wilson/Robert Harding Images:39, 78; /©Peter M.Wilson:107; /©Adam Woolfitt:252; /©Alison Wright:196; /©Marilyn Angel Wynn:163, 191; /©Michael S. Yamashita:128; /©Korczak Ziolkowski:190; DanitaDelimont.com:/©Bill Bachmann:140-141; /©David Bartruff:84; /©Kalpana Kartik:182 Document Iran:/Mohammad Kheirkhah:162, 181 Fotolibra:/Theodorus Antonatos:156; /Sean W. Burges:32; /Swen Connrad/YumeVision:197; /Dino Fracchia:208, 222-223; /Geoff France:131; /Hanan Isachar:15, 20-21; /Karen Kelly:204 Getty Images:28, 122, 123; /AFP:25, 46, 71, 94, 152, 153, 218, 218-219, 228, 241; /Aurora:92-93; /DEA/M.Borchi:100, 101, 103; /Macduff Everton:202-203; /Martin Gray:180; /Gavin Gough:38; /©George Grall/National Geographic:199; /©Sylvain Grandadam:63, 104; /Frans Lemmens:36; / Peter Macdiarmid:239; /Bruno Morandi:160-161, 163, 182-183; /©Jim Richardson:58-59; /Uriel Sinai:147; / Mario Tama:166, 167; /Yoshio Tomii:221; /Travel Ink:72-73; /Gordon Wiltsie/National Geographic:212 Gutner:1 Imagestate:/Peter Menzel:83 In Vision Images:109 Isabella Tree:114, 115 JTB Photo Communications:85, 124 Jean-Marc Giboux:80 Jeremy Sutton-Hibbert:220-221 John Cleare:205 Lonely Planet Images:/Richard I'Anson:229; /Sara-Jane Cleland:29; /Christopher Herwig:10, 252; Ludmila Ketslakh Photography:18 Masterfile:/©Theo Allofs:60-61
Michael Hughes:119 Mira Terra Images:/Paul Skelcher:211; /Kymri Wilt:150 Murray-Darling Basin Commission:/Arthur Mostead:16 National Geographic Stock:/Gordon Gahan:19 Paul Souders:/WorldFoto:128 Photolibrary:/Charles Bowman:204, 217; /Jeremy Bright:228; /Robin Bush:198; /Mark Cator:240-241; / DEA/F Galardi:176; /Robert Gallagher:146; /Rosine Mazin:105; /Jean-Baptiste Rabouan:179; /Don Smith:213; /Vidler Vidler:242; /Adam Woolfitt:238-239; /Alison Wright:65 Photoshot:/Imagebroker:157; /UPPA:135; / World Pictures:147-148 Reuters:/Ints Kalnins:233 Rex Features:/Sipa Press:251 Riccardo De Luca:35 Robert Harding Picture Library:/©Eitan Simanor:226-227 Scala, Florence:35 Steve Davey:82 Three Blind Men Photography:/Dominic Sansoni:116, 117

Every effort has been made to acknowledge correctly and contact the source and/or copyright holder of each picture and Carlton Books Limited apologizes for any unintentional errors or omissions which will be corrected in future editions of this book.

参考文献

Alone of All Her Sex: The Myth and the Cult of the Virgin Mary, Marina Warner, Vintage Books, 1998.

The Atlas of Religion: Mapping Contemporary Challenges and Beliefs, Joanne O'Brien and Martin Palmer, Earthscan, 2007.

Bright Earth: The Invention of Colour, Philip Ball, Vintage Books, 2008.

Colour: Travels Through the Paintbox, Victoria Finlay, Sceptre, 2003.

The Continuum Encyclopedia of Symbols, Udo Becker, editor, Continuum International, 2000.

Faith in Conservation: New Approaches to Religions and the Environment, Martin Palmer with Victoria Finlay, World Bank Publications, 2003.

Gods in the Sky: Astronomy from the Ancients to the Enlightenment, Allan Chapman, Channel 4 Books, 2002.

Heart for the World, Marcus Braybrooke, O Books, 2006.

The Illustrated Guide to World Religions, Michael D Coogan, editor, Oxford University Press, 2003.

Islamic Art and Architecture, Robert Hillenbrand, Thames & Hudson, 1999.

Mapping Time: The Calendar and Its History, E.G. Richards, Oxford University Press, 19989.

Medieval Views of the Cosmos: Picturing the Universe in the Christian and Islamic Middle Ages, Evelyn Edson and Emilie Savage-Smith, The Bodleian Library, 2004.

The Oxford Companion to World Mythology, David Leeming, Oxford University Press, 2005.

The Oxford Dictionary of World Religions, John Bowker, editor, Oxford University Press, 1999.

Pilgrims and Pilgrimage in the Medieval West, Diana Webb, I B Tauris & Co., 2001.

Places of Power: Measuring the Secret Energy of Ancient Sites, Paul Deveraux, Cassell, 1999.

Ramayana: A Tale of Gods and Demons, Ranchor Prime, Mandala Publishing Group, 2008.

Reading Buddhist Art: An Illustrated Guide to Buddhist Signs and Symbols, Meher McArthur, Thames & Hudson, 2002.

Sacred: People of the Book – Judaism, Christianity, Islam, John Reeve, editor, British Library, 2007.

Sacred Britain: A Guide to the Sacred Pilgrim Routes of England, Scotland and Wales, Martin Palmer and Nigel Palmer, Piatkus Books, 1997.

Sacred Earth, Sacred Stones: Spiritual Sites and Landscapes, Brian Leigh Molyneaux and Piers Vitebsky, Duncan Baird, 2001.

The Sacred East, C. Scott Littleton, editor, Duncan Baird, 1999.

Sacred Imagery, Judith Millidge, World Publications, 1999.

Wanderlust: A History of Walking, Rebecca Solnit, Verso Books, 2006.

The World of Pilgrimage, G W Target, Automobile Association, 1997.

World Religions: A Comprehensive Guide to Religions of the World,

Martin Palmer, Times Books, 2002.

著者による謝辞

Warm thanks for help and encouragement to:Sue Booys, Richard Booys, Brian Catling, John Crowe, Lisa Dyer and her team at Carlton, Ann Hind, David Owen, Adam Papaphilippopoulos, Athanasios Papaphilippopoulos, Tila Rodriguez-Past, Sarah Simblet, and most especially, Holly Slingsby and Tom Slingsby.

［翻訳協力］

株式会社バベル

田口未和（たぐち・みわ）

1963年北海道生まれ。上智大学外国語学部卒。新聞社勤務を経て、現在翻訳家。主な訳書に『インド 厄介な経済大国』（日経BP社）、『ヒエログリフ解読史』（原書房）、『ビジネスパーソンの時間割』（バジリコ）など。

［著者］
レベッカ・ハインド　Rebecca Hind
イギリスの聖地の保護、向上、開発を目的とする「聖地プロジェクト」と、世界の宗教の信条に従いながら自然環境保護と維持に努める慈善団体「宗教と自然保護の同盟」に6年間アーティストとして参画。著書に『世界のスピリチュアル・スポット』（ランダムハウス講談社）などがある。現在は大学や美術館で人物写生画や絵画を教え、イングランドのドーチェスター オン テムズに在住。

［監訳］
植島　啓司　うえしまけいじ
1947年東京生まれ。宗教人類学者。東京大学卒業。東京大学大学院人文科学研究科（宗教学専攻）博士課程修了。シカゴ大学大学院に留学後、NY ニュースクール・フォー・ソーシャルリサーチ客員教授、関西大学教授、人間総合科学大学教授などを歴任。著書に『快楽は悪か』（朝日新聞出版）、『男が女になる病気』（朝日出版社）、『賭ける魂』（講談社現代新書）、『聖地の想像力』『偶然のチカラ』『世界遺産 神々の眠る「熊野」を歩く』『生きるチカラ』（集英社新書）、共著『熊野 神と仏』（原書房）など多数。

図説《ずせつ》　聖地《せいち》への旅《たび》

2010年9月20日　第1刷

著者　レベッカ・ハインド
監訳　植島　啓司

装幀　川島　進（スタジオギブ）

発行者　成瀬　雅人
発行所　株式会社原書房
〒160-0022 東京都新宿区新宿1-25-13
http://www.harashobo.co.jp　振替・00150-6-151594

印刷・製本　中央精版印刷株式会社
DTP編集　エイエム企画

ISBN978-4-562-04591-4　Printed in Japan